ENCRUCIJADAS DE PSICOANÁLISIS Y MARXISMO

ENCRUCIJADAS DE PSICOANÁLISIS Y MARXISMO

Ensayos sobre la abstracción social

Omar Acha

teseo

Acha, Omar

Encrucijadas de psicoanálisis y marxismo: ensayos sobre la abstracción social / Omar Acha. – 1a ed. – Ciudad Autónoma de Buenos Aires: Teseo, 2018. 176 p.; 20 x 13 cm.

ISBN 978-987-723-174-8

1.Marxismo. 2. Psicoanálisis. 3. Filosofía. I. Título.

CDD 150.195

Imagen de tapa: Wolfgang Beyer

Índice

Advertencia

Este libro recoge y revisa textos convergentes sobre un mismo enigma descifrado desde diversos ángulos: ¿es posible recomponer hoy, después de sus numerosas muertes, el nexo entre psicoanálisis y marxismo? La naturaleza del argumento es, por ende, teórica. Como fragmentos de una meditación, sus grafías revelan las inquietudes perdurables de una pasión intelectual: la vocación de participar en la reconstrucción colectiva de un proyecto radical en el cual el marxismo y el psicoanálisis (como se verá, no cualquier marxismo ni cualquier psicoanálisis teórico) provean vigas decisivas, pero no las únicas, de una reedificación de la teoría crítica.

No podría insistir demasiado sobre la naturaleza preliminar de estos ensayos. Advierto sus flaquezas, por mencionar solo algunas de ellas, respecto de la diferencia cultural, el género, lo étnico-racial y la colonialidad del saber.

Se detectará una cierta reiteración argumentativa en algunos de los ensayos. Confío en que la repetición en nuevos contextos desplace y matice nociones que solo conquistan una mayor densidad en el curso de sus movimientos semánticos, en sus diferentes estructuraciones conceptuales. Son *caminos del bosque*, que a veces se desvanecen misteriosamente ante una espesura. A veces se bifurcan. Otras veces irrumpen repentinos cuando la vegetación lujuriosa de las cegueras ajenas y propias parece impenetrable.

La bitácora conceptual sobre la *abstracción social* esbozada en la introducción provee un horizonte de principios comprensivos comunes a las reflexiones posteriores. Esos principios son rúbricas hacia una problematización imposible de solventar solo en el ámbito de la teoría. Aunque resuene hoy tan ajeno a los discursos de la cordura política, los dilemas del pensamiento se elaboran en el terreno filosófico, pero se emancipan de las aporías paralizantes con ese corte de nudo gordiano que es la acción revolucionaria de las masas. Tal accionar no los resuelve. Los desplaza hacia una nueva latitud de dificultades. Los hace retornar de otro modo en la fugaz estela de los asuntos humanos.

Origen de los textos

"Posterioridades de la Revolución Rusa: ¿qué sujeto del psicoanálisis?" y "La izquierda lacaniana en sus dilemas" retoman con amplias modificaciones artículos publicados en *El Psicoanalítico. Publicación de Psicoanálisis, Sociedad, Subjetividad y Arte*, n° 31, octubre de 2017, y n° 9, abril de 2012, respectivamente.

Segmentos de "Psicoanálisis y marxismo en el siglo XXI: tesis para un reinicio" aparecerán en Guido Galafassi y Florencia Ferrari (eds.), *Antagonismo, hegemonía y subjetividad*, Bernal, GEACH-UNQ, 2018.

Una formulación alternativa de "León Rozitchner, entre-tiempos freudianos" será publicada en un volumen sobre Rozitchner coordinado por Cristián Sucksdorf en el marco del Instituto de Estudios de América Latina y el Caribe, de la Universidad de Buenos Aires.

La Introducción y el Desenlace fueron preparados para este libro.

1

Introducción metateórica sobre la abstracción social

El hilo conductor de los ensayos de este libro es el concepto de *abstracción social*. En el vocabulario filosófico tradicional, en el que no se encuentran usos siempre técnicos del término, la abstracción posee dos significados que es oportuno recordar. El primero concierne a la generalización *conceptual* que establece una *relación* compartida entre dos o más elementos empíricamente diversos. El segundo refiere a la *separación* arbitraria entre elementos considerados indisociables. Un ejemplo del primero es la determinación de una común "humanidad" entre dos o más individuos humanos. Un ejemplo del segundo es la escisión entre un orden espiritual autónomo y una extensión corporal. Pero aquí no analizaré a la abstracción intelectual, a la abstracción como concepto transhistórico o incluso extrahistórico, aunque veremos que un enfoque solo historicista es insatisfactorio. Mi propósito es elaborar, así sea de manera rudimentaria, la noción de abstracción social.

La abstracción *social* opera en la experiencia social cotidiana y de manera evidente en la modernidad capitalista. En nuestra era capitalista de la "historia" una matriz abstracta y universal de lo equivalente, a la vez que es premisa de la Humanidad, la conduce hacia los límites de lo inhumano, de lo antihumano, de lo posthumano, esto es, ordena "la historia del mundo". Es también entonces cuando se generaliza la posibilidad de constituirla en clave explicativa universal. Tal generalización, resultado de la expansión de lo abstracto-social mercantil, deviene en principio de lo simple y de lo más complejo, de lo más reciente y de lo más arcaico. No es, como la abstracción transhistórica, el resultado de una operación intelectual. Por contraposición a lo universal, esa abstracción social genera lo singular de la "subjetividad", de la "interioridad" yoica, de la intimidad de pareja y de familia nuclear, es decir, las premisas del sujeto cuyas incertidumbres suscitan la invención psicoanalítica.

El argumento que mancomuna a los ensayos incorporados en este breve volumen pertenecen a una obra que me temo jamás escribiré: *Investigaciones sobre la abstracción social*. Una distinción que esas pesquisas deberían desarrollar concierne a tres tipos de abstracción, la *intelectual*, la *simbólica* y la *social*. Aquí me limitaré a establecer algunos de los fundamentos de la última con el propósito de facilitar la lectura de los textos que siguen. Por eso eludiré estudiar, como lo requeriría un interés gnoseológico más intenso, la abstracción intelectual que ha preocupado a la filosofía durante milenios. Mi meta en estas páginas introductorias es explicitar los principios de un concepto universal de abstracción propio de la sociedad en que vivimos, tal como se hace accesible a un proyecto filosófico —por definición, determinado por sus consistencias conceptuales— y a una teoría social susceptible de restricciones histórico-críticas.

De una manera preliminar, entiendo por abstracción social la eficacia mediadora de un principio cuantificador de todas las cosas, según el cual son instituidas en un doble eje equivalencial/diferencial. Su fenomenología es la del "valor de mercado". Todo tiene un precio, todo es potencialmente intercambiable. La simplicidad del principio abriga la tentación —a la que cedieron innumerables ontologías— de establecerlo en un plano nocional trascendente.

La dificultad central con una ontología de la abstracción social consiste en que la deshistoriza. Pierde de vista su emergencia reciente. En efecto, la abstracción social como operador de la realidad totalizada es una condición que, si bien es comparable con fenómenos abstractivos de otras épocas, es específicamente moderna. Es justificable decir

que hay relación de abstracción entre las Formas y los objetos sensibles en Platón, pero sin duda obedece a un régimen
abstractivo diferente. El milagro moderno consiste en que
la equivalencia/diferencia surge de los procesos inconscientes de la experiencia práctica cotidiana. ¿Cómo llegamos a
la abstracción universalizada en la sociedad capitalista? ¿A
qué obedece el que en esta sociedad la abstracción sea la
precondición del pensamiento, el sentimiento y la acción?
¿Y por qué, como contrapartida, la resistencia a la abstracción tiende a refugiarse en una interioridad, originalidad
o esencia "profundas", a menos que estalle como acontecimiento público multitudinario?

La modernidad capitalista en la que vivimos está lejos
de ser la consumación del pasado. Su lugar en una "filosofía
de la historia universal" de la que sería el punto de llegada y
consagración es indiscutiblemente falso. Lo que es suyo es
la particular plasmación de una dialéctica global inédita, a
saber, la de una dinámica incesante de reafirmación expansiva de su propia lógica. Esa lógica fue denominada por el
movimiento comunista una "lógica del capital". La noción
de la unificación y homogeneización del mundo humano en
la dinámica equivalencial/diferencial entraña una pretensión sorprendente. Sin embargo, no es arbitraria. Obedece
a razones y violencias. Constituye, con y contra la filosofía
hegeliana, una totalidad dialéctica, dinámica, una síntesis
inestable de equivalencia y diferencia.

La tesis general de los ensayos de este volumen sostiene
que la interrogación sobre la situación actual de la teoría
crítica, tanto respecto del marxismo como de la dimensión
conceptual de la práctica psicoanalítica, encuentra en la
abstracción social moderna su compartida premisa materialista. En las construcciones teóricas contemporáneas que
trabajan en el mismo sentido suele prevalecer una com-
ponenda entre historicismo y dialéctica. En otras palabras,
se concibe al marxismo y al psicoanálisis como diferentes,
aunque vinculables en términos formales. Por solo mencionar dos autores presentes en páginas posteriores, según

Fredric Jameson (2006) y Slavoj Žižek (2006), marxismo y psicoanálisis pertenecen a planos nocionales heterogéneos. Pero son accesibles a una conexión desigual que confirma su heterogeneidad en el nivel empírico-histórico y una vinculación razonante que, desde un enfoque puramente empirista o postestructuralista, sería calificable como "especulativo", por forzar la unidad de elementos inasimilables.

Mi planteo es distinto. Sostendré que la posibilidad de una relectura productiva de los cuerpos teóricos generados desde Karl Marx y Sigmund Freud es viable porque marxismo y psicoanálisis remiten críticamente a los efectos de dinámicas de abstracción. Solo una ciencia general de la abstracción social puede brindarnos un marco conceptual adecuado para una cuestión de la que el psicoanálisis y el marxismo son fragmentos teóricos de vigencia histórica limitada. Mas que la abstracción social no sea la única figura de la abstracción suscita dificultades teóricas.

Lo que es discutido en estas páginas elabora las dificultades del vínculo entre marxismo y psicoanálisis. Si bien el nexo es conceptualizable históricamente por su común pertenencia a la sociedad capitalista, su examen no es solo historicista, esto es, no se preserva en el plano delimitado de una experiencia situada. Psicoanálisis y marxismo son incomunicables en los términos preteóricos de coyunturas aleatorias. Por eso es posible e incluso imprescindible plantear un examen histórico *en la larga duración*. ¿Regresamos entonces a determinaciones transhistóricas? Ese nexo de lo histórico con lo transhistórico es intuido por Freud. Marx, amedrentado por la inmensidad de la tarea de debatir con la economía política, además de descartar su juvenil "concepción materialista de la historia", se abstiene de repensar sus reflexiones iniciales en torno al materialismo de Demócrito y Epicuro.

Las tentativas conjeturas freudianas en *Más allá del principio de placer*, donde la "pulsión de muerte" es el centro gravitatorio de la vida y de sus recorridos entre los más sencillos y los más complejos, han sido reiteradamente denostadas (Freud, 1920). Se ha reprochado a Freud el regreso a naturalismos decimonónicos, a determinismos pesimistas, a un misticismo simplificado en el Nirvana. Por el contrario, en mi opinión, sus elaboraciones me parecen completamente razonables e incluso menguadas. Freud sabe que el psicoanálisis está sometido a numerosos ataques y no desea añadir un motivo más al catálogo de agravios. Estimo que esa timidez es innecesaria en tiempos como los nuestros en que se impone, entre otras cosas, una reconstrucción de la teoría crítica radical. El *Jenseits* del principio de placer es el principio de abstracción social, la apropiación capitalista de lo existente. Las construcciones de lo inconsciente freudiano involucran la complejización de esa diferenciación en el ámbito del cuerpo sexuado y del lenguaje. Uno de los beneficios conceptuales del psicoanálisis lacaniano, debido a sus inclinaciones formalizantes, consiste justamente en rehabilitar la eficacia de la abstracción en el discurso freudiano. Pero hay que explicar por qué aquello atribuido por Lacan al "significante" —y no al signo lingüístico o a sus encadenamientos— pertenece a un régimen abstractivo distinto al de la abstracción social capitalista aunque no pueda ser explicado, en su latitud lacaniana, sin dicha abstracción específica.

En cambio, el historicismo que conquista en el pasaje de los siglos XIX al XX a la crítica marxista con la metafísica del "materialismo histórico" genera problemas mayores para la identificación de una inédita dominación por abstracción. El marxismo como explicación de la historia despliega una variedad de interpretaciones en las que se establecen "contradicciones" en competencia: entre las clases, entre las fuerzas productivas y las relaciones sociales de producción, entre valor y valor de uso, entre producción social y apropiación privada, etcétera. Esas contradicciones son siempre histórico-sociales, pertenecen a una historia de las sociedades complejas, posteriores a la diferenciación entre grupos y la emergencia de formas de dominación. La abstracción surge entonces como una sustancia de valor generada por un trabajo transhistóricamente concebido. El comunismo es en ese entendimiento la liberación final de una secuencia milenaria de opresiones clasistas contra el trabajo humano. Marx y Engels lo enuncian así en *El manifiesto comunista*, un extraordinario texto de divulgación política, pero uno más de los que hacia 1847-1848 explica el porvenir de la humanidad. Se opaca así el apunte metodológico de Marx en la llamada "Introducción de 1857" en la que sostiene a las abstracciones como el inicio del proceso cognitivo. Ese comienzo requiere destacar que las abstracciones no provienen del pensamiento, sino de un metabolismo social categorial.

La intuición engelsiana de una "dialéctica de la naturaleza" opaca cualquier discusión interesante sobre la relación entre marxismo y filosofía. Una dialéctica en la naturaleza anula la inscripción de la única dialéctica global posible, la social. Encubre sus procesos constitutivos. La consagra como transhistórica reiterando el error idealista hegeliano. Incluso puede justificarse el enunciado de que es conceptualmente inferior, pues la ontologización hegeliana de la dialéctica coexiste con su transformación histórica. Según dijo alguna vez Jean-Paul Sartre, el "materialismo dialéctico" —en cuanto se sustrae a la historicidad— es en verdad un idealismo de la idea de "materia". Así el marxismo se autoelimina como teoría crítica, ya no del capitalismo al que consagra como vector de una evolución social destinada a preparar el comunismo, sino de sí mismo. El marxismo soviético —ciertamente no siempre infecundo— es la expresión más notoria de esa deshistorización de la dialéctica.

En varios momentos de los ensayos contenidos en el presente libro volveré sobre la cuestión, pues recién comienza a ser problematizada. Aquí adelanto que una concepción de la abstracción como principio de diferenciación y complejización encuentra en el mundo histórico de las formaciones sociales humanas varios órdenes de concreción. La abstracción por diferenciación, pliegue y rediferenciación sigue una lógica fractal, en la que la escisión originaria entre la nada y el ser da lugar a numerosos procesos de nuevas complejizaciones. Pero se produce una mutación cualitativa con la emergencia de la cultura y la facultad de simbolizar. Así ocurre con las clasificaciones operadas por el uso del lenguaje, por la reorganización del "mundo" entonces acaecida. El uso del lenguaje, cuya primera distinción refiere a lo que representa un nombre y lo que ese nombre no es, contiene una razón abstractiva. Las más sofisticadas prácticas del lenguaje, sean las de la lógica o de la retórica, descansan en la dinámica de abstracción. También se verifica una dinámica de abstracción en el pensamiento por diferenciación entre lo que es representable y lo que no puede serlo del todo. Esa dinámica se muestra particularmente fértil para la creación de entidades culturales, entre las que se encuentran las creencias religiosas. Desde luego, las edificaciones culturales perduran si hallan condiciones favorables para su reproducción. De otro modo, sobreviven marginalmente o perecen.

Los fenómenos abstractivos pueden asumir disposiciones enajenadas, es decir, desarrollar un movimiento automático hacia nuevas abstracciones operantes en las experiencias humanas. El lenguaje constituido como práctica de simbolización construye sentidos de la realidad y del propio sí mismo capaz de representar y representarse con otros. Al nombrar y ordenar, produce equivalencias y sustituciones, configura series y conexiones de composiciones abstractas. Habilita facultades de pensamiento universalizante, las que revierten a su turno sobre los usos concretizados del lenguaje. La ajenidad del mundo repercute también en el orden del lenguaje. Sostengo que esa eficacia contextual se exacerba en la sociedad burguesa. Sucede a menudo que el condicionamiento histórico es olvidado y elevado a una universalidad *a priori*, como acontece en Kant. Así ocurre también cuando Ferdinand de Saussure y Roman Jakobson universalizan una relación objetivizada del lenguaje instituido como sistema de diferencias anónimas y arbitrarias.

Pues si es convincente argumentar que el lenguaje obedece a reglas formales, ¿el grado de formalización y relación con la experiencia constituida no lingüísticamente es siempre la misma? La objetivización deviene representable gracias a la premisa vivida de la dimensión objetiva de la experiencia social capitalista. Ambos lingüistas sucumben como Hegel ante la ilusión abstractiva y la hipostatizan en estructuralismo. No inscriben las características del lenguaje objetivo y de la "razón universal" occidental en la intransferible abstracción social del orden capitalista. La justa resistencia al historicismo en nombre del concepto redunda en la obturación de la historicidad.

Algo comparable ocurre con la creación humana de un ultramundo, con las configuraciones religiosas, también productos de la representación. Pero con otra temporalidad, por lo que la comparación debe ser prudente. Con los monoteísmos que universalizan todo aquello que participa de dios o de las creaciones de dios se desencadena una racionalidad abstractiva sin precedentes. Surge la idea de la igualdad universal ante dios. Con una consecuencia que todavía perdura: el androcentrismo teológico en el plano metafísico, la dominación masculina sobre las mujeres y el patriarcado en la transmisión intergeneracional.

La *abstracción simbólica* involucrada no proviene de una lógica social generalizada, aunque hasta cierto punto pueda anticiparla. Es lo que explica el comunismo y milenarismo de un Thomas Müntzer y el campesinado europeo de los tiempos anteriores a la sociedad burguesa.

La genialidad y el error de Hegel consisten en proyectar una lógica contemporánea al conjunto de una historia humana que solo entonces deviene pensable. De tal modo, consagra su propia época como la realización de la razón. E hiperlogiciza lo social constituido como trama específica de la sociedad burguesa en formación. Si desde el marxismo es concebible una "inversión" del hegelianismo, esto solo puede ser adecuadamente realizado a través de la edificación de una teoría de la *lógica material del capital* en términos de abstracción social. ¿Es esta abstracción social una configuración específica de la abstracción que acompaña a la historicidad humana?

Desde mediados de la década de 1850, Marx recurre nuevamente a una lectura crítica del idealismo absoluto para conceptualizar lo que analiza como un proceso de mundialización abstractiva a través de las contradicciones del capital. Marx comprende que Hegel ha captado en un vocabulario idealista el secreto de la economía política: el surgimiento de un todo social regulado por un principio contradictorio para el que sus partes son siempre-ya elementos de una totalidad en movimiento.

Marx atisba un *jenseits* del plusvalor (el segmento del tiempo de trabajo asalariado no pagado por el capital y fuente de su ganancia), el concepto limítrofe que expone la compulsión de repetición: la abstracción social. Esta abstracción no proviene de una operación del pensamiento. Es la precondición e impulso del pensamiento abstracto en la modernidad porque se desarrolla en la vida cotidiana de la sociedad productora de mercancías. La abstracción social hace estallar las delimitaciones empiristas del pensamiento moderno occidental que oponen lo abstracto a lo concreto, lo universal a lo particular, lo pensado a lo actuado; en síntesis, el idealismo y el materialismo. Se derrumban también las interrogaciones del materialismo vulgar respecto de cómo afecta lo material (sea que se lo entienda como cuerpo, clases sociales, economía o sociedad) a las operaciones ideológicas, culturales o políticas.

La "unidad de lo diverso" característica de las relaciones de interdependencia en la sociedad capitalista es revelada por una lógica mercantil habitada por contradicciones. Tales contradicciones son inherentes a la producción y reproducción sistémicas capitalistas. Hay que decir que en Marx, incluso en su obra madura, la jerarquía de las contradicciones no es claramente establecida siquiera para un periodo histórico específico. La interpretación que me parece más lograda concierne a lo que denomino la entropía del capital. El capital es el *deus mortalis* que no muere por mano propia. La multiplicidad de capitales en competencia, multiplicidad no invalidada por las tesis del "capital monopolista", genera un doble movimiento de evolución capitalista. Por un lado, un incesante desarrollo de las fuerzas productivas. Por otro lado, una destrucción del valor sedimentado del capital, destrucción que solo puede ser neutralizada por la extracción continua de plusvalor y por la apropiación del plusvalor de capitales de menor productividad.

Es imposible detenerme sobre esta cuestión, pues me interesa el marxismo dentro de las exigencias de una comunicación con el psicoanálisis. Baste decir que el despliegue abstractivo y dinámico del capital obedece a una muerte que lo acosa incansablemente: la desvalorización de todo capital, una entropía que lo insta a reproducirse para no ser destruido. O, más exactamente, para no autodestruirse. En contraste con las lecturas positivas de Marx para las cuales en el capital opera un principio "ricardiano" de multiplicación de la ganancia, entiendo que la corrosión negativa de la desvalorización es el vector que induce al "capitalismo" (Marx, 1867, I/3: 950). Una objeción de sentido común opone al marxismo la interrogación humanista: ¿dónde están los individuos, los sujetos? El marxismo sociologizante añade, ¿dónde está la lucha de clases? En efecto, parecieran estar ausentes los actores, sus opciones, el conflicto, la cultura, el sentido, anonadados por una dominación por abstracción. Desde luego, se encuentra en el marxismo una prehistoria intelectual relativa a la abstracción históricamente ligada a la sociedad capitalista. En la teoría crítica posterior a la relectura filosófica de Marx desarrollada por György Lukács, tal dominación fue nombrada como "abstracción real" para distinguirla de las abstracciones del pensamiento.

Roberto Finelli (1987) plantea que la abstracción real no es una abstracción lógica del tipo hegeliano. Por su generación histórica, conserva y nunca deja de incluir las diferencias. La brújula decisiva en la noción de abstracción real es todavía la provista por Alfred Sohn-Rethel (1989) en *Trabajo intelectual y trabajo manual,* texto donde elabora una orientación, no una teoría completa. Pero es útil en cuanto identifica que el pensamiento y las prácticas en la sociedad burguesa están mediadas por una forma social generada a través de la extensión a la totalidad (globalidad que es reconstituida cotidianamente) de la forma-mercancía. Esta "forma" es un principio automático, semoviente, enajenado, que rige la circulación en la sociedad en que vivimos. Regula la producción "económica" y aquellas actividades que presuntamente escapan a su norma dineraria y mercantil. Surge en la generalización del proceso de *intercambio*. Por eso es posible detectar sus formaciones primeras en los siglos del surgimiento de la burguesía, antes de la consolidación del modo capitalista de producción. Pero una vez avanzada la conquista del mundo por el orden capitalista hacia mediados del siglo XIX, circulación y producción devienen aspectos de una totalidad contradictoria en automovimiento plagado de crisis, crisis que impulsan nuevas extensiones de la misma lógica y composiciones de mayor abstracción.

En la sociedad burguesa se genera una identidad entre la "síntesis social" y las formas de conocimiento. Los productos intelectualmente más "elevados" o "espirituales" son, tanto como los "bajos" o "corporales", formalizados por la lógica de la mercancía. Sus contenidos —por ejemplo, en el arte— son mediados, incorporados a la circulación, tal como ocurre con una hamburguesa o un libro. La afirmación radical de Sohn-Rethel se dirige a una crítica de la epistemología trascendental pues las categorías del pensamiento son para él generadas por la forma-mercancía. Esa tesis puede sin grandes dificultades ser prolongada al pensamiento de cualquier naturaleza, al lenguaje, a los sueños, a las fantasías. Por el circulacionismo que deposita la génesis de la abstracción en el intercambio, oscila entre la detección histórica de una lógica concreta y la transhistorización de un proceso abstractivo que remite a la invención de la moneda hace aproximadamente tres milenios (Jappe, 2013). Este problema emerge debido a que Sohn-Rethel reflexiona sobre la abstracción real sustrayéndola de un análisis metateórico.

Es comprensible que procure delimitar el alcance de las lógicas abstractas a la sociedad burguesa. La tendencia del capital obedece a una agregación fractal. La fórmula dinero-mercancía-más dinero (D-M-D') atraviesa todos los segmentos de la vida social. Como un virus ávido, conquista nuevos tejidos y se parasita a sí mismo cada vez más profundamente. Es cierto que existen diferencias de las fases de la sociedad capitalista en diversos momentos y lugares. Su lógica, sin embargo, es la misma: la ocupación universal de oportunidades de valorización en la huida de la desvalorización. Como en los *cercamientos* del siglo XVIII británico y las "conquistas del desierto" latinoamericanas de los siglos XIX-XXI, los capitales asociados con los Estados imponen a fuerza de ley, inversiones, sangre y fuego, las exigencias de nuevas tierras para la expansión de la acumulación. Hoy nos encontramos ante el impulso capitalista de explotación del espacio extra-terrestre.

La tesis central de los textos del presente libro desbroza el terreno hacia una conexión entre marxismo y psicoanálisis al establecer que la abstracción social capitalista, la forma-mercancía y la dialéctica del valor autovalorizante, en su enloquecida carrera hacia la autodestrucción planetaria, nunca es absoluta. No lo es debido a la persistencia de espacios aun incontaminados, por restos opacos o resistentes a la lógica material del capital. Esos espacios y resistencias existen. Pero aquí me refiero a los que habitan en el seno más íntimo del capital.

La universalidad de la abstracción acumuladora es ambivalente. Constituye las condiciones tecnológicas de su superación histórica. Genera sujetos y grupos que adoptan los logros de la sociedad capitalista y exigen su plena realización en la expansión de derechos, la ampliación de la igualdad, la circulación de migrantes y no solo de capitales. Además, puesto que el capital produce para acumular más capital y no para mejorar las condiciones de vida de la población (aunque durante segmentos históricos pueda expandirse haciéndolo), expulsa personas, fracciones de clase e incluso naciones, del "progreso". De manera que la lógica material del capital es siempre inestable. A ello se añaden las contradicciones sistémicas tales como la ley tendencial a la baja de la tasa de ganancia impulsada por la tecnología, la reducción relativa de la base de valor en la producción y circulación de la riqueza material, entre otras.

Hay un aspecto adicional que excede a las dinámicas contradictorias de la propia sociedad capitalista resumidas en el párrafo precedente. Me refiero a la coexistencia de legados simbólico-materiales de larga duración que revelan una prolongada historia de los procesos de abstracción (aunque no sean siempre los mismos y deban ser distinguidos de la abstracción social semoviente de nuestra época): los de las religiones monoteístas y del zócalo patriarcal que subtiende a la dominación masculina. Nos encontramos en esos dos ámbitos, que no son radicalmente heterogéneos, con precipitados simbólicos de larga duración. En contraste con las historias de una modernidad secular e igualitaria, conviven en una sociedad en globalización con tendencias divergentes. Son plasmados en prácticas complejas en la formación social capitalista. Sin ser lógica y prácticamente superados/sometidos/subsumidos en la forma-mercancía, no son externos a ella. Sus submundos y ultramundos de símbolos ingresan en la experiencia cotidiana consciente y al plano de los fantasmas inconscientes en que se ordenan los orificios, salientes y fluidos de la corporalidad, a los plegamientos en que se constituyen subjetividades e intersubjetividades.

Las lógicas de la abstracción vinculan y separan, habilitan la posibilidad de la formación de un orden universal de dominación, esto es, la elevación de una representación impuesta sobre la multiplicidad de las singularidades. Esa elevación puede ser social y simbólica. Ambas son reales si entendemos por ello que no son producidas intelectual-mente. El caso mayor de la abstracción social es la imposición de una lógica capitalista. Un caso de universalidad simbólica es la de los monoteísmos. La diferenciación entre social y simbólico no involucra restringir la efectividad de las abstracciones operantes, sino más bien distinguir la que es fuente de representaciones (y que por lo tanto produce efectos sin que los sujetos tengan necesariamente noticias de su existencia) de las que son producidas en las representaciones (un dios monoteísta que no es sostenido por las creencias colectivamente compartidas se disuelve en el archivo de las tradiciones agotadas). Las universalidades social y simbólica son ambas, como dije, reales. Sus formaciones y eficacias temporalizadas son distintas.

La dominación por abstracción que Marx relaciona con el "fetichismo de la mercancía" sobredetermina en la sociedad contemporánea otras abstracciones como las asociadas con la religión monoteísta y el lenguaje gramaticalmente conservador, pero desgarrado por la hemorragia creativa de sus usos. Las dos últimas se les imponen objetivamente a los sujetos particulares de una manera diferente a la experimentada en otras formas de coexistencia humana. Las "historias" de las dimensiones del monoteísmo, del lenguaje y de la abstracción social son asincrónicas. Exigen constantes sincronizaciones. No se funden en una misma temporalidad aunque sean inseparables de la hegemónica: la temporalidad capitalista. Es decisivo para la teoría crítica elaborar los nexos y las divergencias entre ellas. Dos ejemplos al respecto.

En un argumento sobre el fanatismo, Alberto Toscano afirma que la religión en sí misma es una *abstracción real* (Toscano, 2010: 186). La dificultad reside en que esa abstracción es remitida a la tesis de Sohn-Rethel, que en mi análisis tiene un alcance localizado, restringido al imperio de la abstracción capitalista por excelencia, la lógica del capital. Pero como la religión, y sobre todo la religión monoteísta, obedece a una abstracción de otras características (que denomino simbólica), requiere una explicación diversa aunque sea compatibilizada para los siglos recientes con la sociedad capitalista.

Otro ejemplo es la noción de "escisión del valor" elaborada por Roswitha Scholz (2009). En el contexto de la escuela de la "crítica del valor" (*Wertkritik*), Scholz propone una conexión sistemática entre marxismo y feminismo al plantear como núcleo de la teoría crítica, en lugar del plusvalor, el carácter social del sistema productor de mercancías basado en el trabajo abstracto. Agrega que en ese sistema se genera una disociación del valor según el cual las actividades reproductivas, la afectividad y la sensualidad son separadas del trabajo abstracto y atribuidas a las mujeres. Valor y disociación poseen entonces una relación dialéctica según la cual las relaciones de género asimétricas y la sociedad capitalista son conceptualmente inseparables. Las relaciones de género en la sociedad burguesa no son residuos precapitalistas. Son productos inherentes a la modernidad. Pero, al mismo tiempo, las asimetrías son socavadas por la abstracción. No es claro por qué, a pesar de las modificaciones notorias ocurridas en las últimas décadas, las clasificaciones y jerarquías ligadas a la dominación masculina perseveran. En otras palabras, no se entiende bien por qué en el "turbo-capitalismo" el feminismo sigue poseyendo un filo crítico. Al subsumir las relaciones de género desigualitarias en el tiempo capitalista, Scholz pierde de vista la eficacia de otras temporalidades. El correcto señalamiento del carácter sistémico del valor como mediador universal conduce a esta pensadora a sobremodernizar una dialéctica jamás lacrada sobre sí misma. De todos modos, el método dialéctico-crítico ofrece un hilo conductor fértil, no solo por su capacidad para conceptualizar dominaciones sociales, sino también para percibir sus contradicciones y puntos de fuga. Es particularmente importante la detección de una interconexión que alcanza el estatus de mediación, por la cual las dominaciones concurrentes se actualizan a pesar de sus diversas temporalidades. La dominación masculina no es más arcaica que la salarial por el hecho de que esta sea específica de la sociedad burguesa debido a la apropiación de los medios de producción por el capital. Es decir, no está destinada a disolverse en la modernidad capitalista (que conceptualmente no es la única modernidad posible). Del mismo modo que sucede con la abstracción social, su disolución únicamente puede ser política. Tanto en términos analíticos como estratégicos la distinción de temporalidades tiene consecuencias cruciales. Por ejemplo, la dominación masculina es cuestionada por la modernidad burguesa gracias a la difusión de la igualdad universal, por el trabajo asalariado y la crisis de las clasificaciones sexual-eróticas-corporales derivada de la caída de la familia nuclear. En cambio, la abstracción social del capital es un vector cuyas crisis entrópicas impulsan su curso, sin que sea controlable políticamente.

La concepción de las dominaciones por abstracción que las reduce a la opresión de las diferencias es unilateral. Fue el error weberiano de concebir un proceso de racionalización no dialéctico. La abstracción posibilita el cuestionamiento de su propia lógica. Por caso, es posible mostrar que en su prolongada historia el monoteísmo cristiano fue funcional a sectores y clases opresores, a los poderes establecidos, a la sumisión de los pobres y despreciados. Pero también el cristianismo despliega una idea de igualdad universal, de equivalencia entre cualquier individuo pensante y sintiente de dios. Esa igualdad como posibilidad generalizada puede ser inscripta en una lucha subversiva contra la dominación de clase, de género o étnico-racial. Su límite es que no cuestiona al dios-uno, al monoteísmo como tal. Carece de la entropía característica de la abstracción social.

La abstracción social en tanto que tal conspira contra sí misma, aunque no derive en su necesaria autodestrucción. Solo torna factible la constitución política de una radicalización emancipatoria de la universalidad, la que requiere dosis de abstracción (por ejemplo en la configuración de un *poder popular*). ¿Se anula entonces la viabilidad de una oposición diferencialista en la que se reivindiquen derechos específicos? En verdad, la misma noción de diferencia, decisiva en las políticas identitario-diferencialistas o "minoritarias" en el sentido deleuziano, es el producto de un plegamiento dialéctico de la abstracción universalista.

Los usos del lenguaje, con su capacidad abstractiva sobre los singulares, interconectan los tiempos largos adaptados a la experiencia social capitalista con las largas duraciones del monoteísmo, la gramática y el patriarcado, instituyendo el espacio conceptual de una teoría renovada del lazo entre marxismo y psicoanálisis. Estas esquemáticas indicaciones, no son por supuesto una teoría histórico-filosófica de la abstracción. En los próximos textos tendré oportunidad de regresar a los elementos apenas esbozados en el plexo de una rediscusión del lazo entre psicoanálisis y marxismo. Estos escritos son caminos, no una obra.

En algún momento de este libro, mencionaré al "marxismo cultural" que ha esbozado algunas propuestas diferentes de la aquí desplegada. La mención no es irónica. Si bien ese marxismo se desliga demasiado del escenario marxiano de la "crítica de la economía política", su orientación intuye una carencia del antiguo marxismo de una "base económico-social" y una "superestructura" política, jurídica e ideológica. La verdad del marxismo cultural reside en que el horizonte de una crítica de la economía política característica del proyecto marxiano desarrollado en *El capital* no es, para la sociedad global actual, completamente adecuado. O más bien, capta el hecho de que la mutación operada en la fase contemporánea de la dominación capitalista exige un *giro* en el enfoque diseñado por el Marx maduro. Entiendo que requerimos una metamorfosis de la *crítica de la economía política* en una *crítica de las ciencias sociales*, entre las que hoy se cuentan, además de la sociología, la economía, la ciencia política y la antropología, el psicoanálisis y el propio marxismo. Pensada desde su gravitación en un análisis conceptual riguroso de las abstracciones, la filosofía es reinstituida por la "religión del capital" como una ciencia social materialista, caracterizada por elaborar preguntas que el proceder científico no suele plantear. Desde luego, en este volumen abordaré solo un fragmento de tal crítica de las ciencias sociales. Dejaré completamente de lado un tema esencial como la teoría del valor, de la crematística griega al *potlatch* y el bitcoin (Graeber, 2001).

Las conclusiones de estas notas preliminares son tres. La primera es la relevancia del concepto de abstracción social en el reposicionamiento del vínculo, hasta ahora subdeterminado en la teoría crítica, entre el psicoanálisis teórico y el marxismo. En contraste con la noción de abstracción real, la abstracción social no se dirige a un esclarecimiento de la epistemología moderna sino que hace de esta un aspecto dentro de una totalidad compleja regulada imperfectamente por una lógica inhumana y expansiva de alcance histórico. El carácter social de la abstracción peculiar de la sociedad capitalista elude resituar la pregunta del determinismo y la derivación respecto de lo que no sería "real" en el planteo de Marx-Adorno-Sohn-Rethel. La abstracción social dinámica explica el principio generativo que la noción de "sociedad" tiende a reificar como totalidad consistente y ya-dada.

La segunda conclusión es que la totalidad capitalista nunca es completamente contemporánea de sí misma. Su órgano motor, el horror a la desvalorización, coexiste con temporalidades simbólicas, desigualmente eficaces, de larga duración. Entre las que son relevantes para la teoría crítica he mencionado a la gramática del lenguaje, al monoteísmo, al patriarcado y a la dominación masculina. La reinterpretación dialéctica del marxismo que todavía habré de desarrollar es insuficiente para fundar un centro monológico de la crítica radical de las dominaciones. Por eso en adelante jamás utilizaré la noción de "capitalismo" como sinónimo de sociedad capitalista o burguesa.

El término capitalismo simplifica una multiplicidad temporal que está constantemente reproducida en la polimórfica lógica del capital, pero no puede ser identificada con esta. Es que la dominación en la sociedad global en que vivimos asume sus particularidades, tradiciones y creencias perdurables, sedimentadas en códigos y esquemas inconscientes de larga duración, atravesadas por una dinámica específicamente moderna que es la del valor-que-se-valoriza. La abstracción social posibilita la captación conceptual de las teorías pensadas en este libro, como su propio maderamen metateórico. El mismo no procede de una particular agudeza filosófica. Emerge de la profundización y extensión de la abstracción social en el orden global que revela hasta qué punto marxismo y psicoanálisis son dos formaciones práctico-analíticas cuyos regímenes de determinación se encuentran insuficientemente desplegados.

En suma, y esta es la tercera conclusión, a contramano de las prudencias del "pensamiento débil" postmoderno, el proyecto que enuncio involucra la exigencia de repensar *ab initio* las teorías sociales justamente en crisis en el comienzo del siglo XXI. Y lo hace también en lo referente a las relaciones siempre opacas con la práctica transformadora. Reitero lo dicho en la advertencia respecto del corte del nudo gordiano y la acción revolucionaria de las masas. Lejos de constituir un desliz frívolo respecto de nociones como construcción de consensos, instituciones, reglas compartidas, acuerdos y hegemonías, las fracturas revolucionarias reinician las lógicas de dominación en términos nuevos, configurando situaciones inéditas en las que se plantean los proyectos de poder.

La demasía que así asoma en el horizonte práctico de la crítica radical es notoria. Si la tesis de la multiplicidad de temporalidades anudadas por la lógica capitalista es correcta, entonces no hay centro de gravedad, línea de flotación o Palacio de Invierno cuya destrucción abra las puertas del "nuevo mundo". Lógica capitalista, monoteísmo, patriarcado, machismo, plantean desafíos políticos enormemente más desafiantes que aquellos confiados en cambiar la "superestructura" gracias a una nueva "base económica" o en modificar intersticialmente las "subjetividades" para alterar la vida común. Así las cosas, el problema con el concepto moderno de revolución, compartido por las revoluciones burguesas, socialistas y nacionalistas, esto es, la inauguración de una época de crisis, guerras y terror, no se resuelve al eliminar de ellas sus excesos en beneficio de las reformas y las normatividades. La dificultad de la noción de revolución es entonces la moderación y parcialidad en la destitución de las lógicas de dominación, que no son las específicas de las opresiones de clase, de la abstracción social, del patriarcalismo y del machismo, del monoteísmo y de la gramática lingüística, sino de todas ellas. La revolución que subtiende a la teoría crítica es, por ende, más radical y extrema de lo que jamás ha sido pensable. Se dirá, desde luego, que es imposible. Pero siempre las revoluciones son imposibles. Hasta que acontecen. Entonces comienzan las auténticas dificultades.

2

Posterioridades de la Revolución Rusa: ¿qué sujeto del psicoanálisis?

Este ensayo asume que la experiencia del psicoanálisis no es ajena a la historia global en que ha surgido, se ha desarrollado y alguna vez se extinguirá. Define que el primer sujeto del psicoanálisis —identificado por el lacanismo con el "sujeto de la ciencia"— es inescindible de la crisis de un fundamento simbólico del poder expuesta por la Revolución Francesa. En el sujeto "burgués" largamente gestado en la modernidad confluyen diversas temporalidades reconfiguradas por la emergencia de una fuerza dialéctica novedosa, la del valor-que-se valoriza (el núcleo reactivo del capital), con eficacias objetivas y subjetivas. El sujeto burgués no es, sin embargo, solo contemporáneo de su tiempo. Lo habitan prolongadas temporalidades deudoras de la historia del lenguaje, del patriarcado y del monoteísmo.

¿Qué acontece al sujeto del psicoanálisis con la Revolución Rusa? La revolución anticapitalista pone en vilo la inexorabilidad del "principio de realidad" burgués. Emerge el segundo sujeto del psicoanálisis. Al respecto, en el psicoanálisis se producen múltiples divisiones, particularmente en el plano teórico. El más influyente de los postfreudismos, el lacaniano, asume tras la enseñanza de Alexandre Kojève, una actitud antitotalitaria que le permitió releer a Freud contra los psicologismos. Otras figuras del psicoanálisis teórico habilitan actitudes alternativas, que sin ser apologéticas del socialismo estalinista, ensayan una recomposición del psicoanálisis tras el umbral de la Revolución Rusa. La prolongada agonía de la Revolución Rusa termina en 1991.

En la *posterioridad* de esa gran revolución, con el ascenso de la globalización capitalista, se replantea para el psicoanálisis qué sujeto es el del tiempo contemporáneo y, por lo tanto, qué será del psicoanálisis *después* de la Revolución Rusa. De lo que se trata es de pensar el tercer sujeto del psicoanálisis. A lo largo de este libro, su figura aparecerá en toda su estatura en la demorada discusión de y con el marxismo.

Propongo una argumentación histórico-filosófica de la mutación del psicoanálisis luego de la Revolución Rusa. Se dirá que en esa empresa subyace un malentendido pues el psicoanálisis se declina en la clínica. Pero sucede que la clínica tiene también ella sus condiciones de posibilidad. El uso del lenguaje —incluso en el más estricto materialismo del significante— no le es exclusivo, y los protagonistas de la relación de transferencia participan de sus situaciones históricas de existencia.

La invención freudiana adviene en la estela dilemática legada por la Revolución Francesa, esto es, del mundo burgués en difícil consolidación. Ese es el suelo del sujeto intrínsecamente controversial en las "histerias de conversión" que parecen haber asombrado a Charcot, Janet, Breuer y Freud. Sin embargo, muy pronto la Revolución Rusa introduce otro abismo en la cesura constitutiva del sujeto: la promesa de la igualdad con el fin de las clases sociales y, sobre todo, la modificación del principio de realidad.

El devenir autoritario del experimento soviético no conduce a una salida comunista. Más bien la torna imposible, aunque su escenario sea siempre mundial, y es por ende inadecuado descubrir en el triunfo de Stalin la explicación privilegiada del fiasco. En su fracaso, el proyecto estalinista deviene una figura alternativa de una modernización en competencia con la sociedad capitalista. El seudocomunismo pretende clausurar el abismo en la configuración del sujeto, anulando imaginariamente la brecha entre subjetividad, lenguaje y relaciones sociales. Sin embargo, el efecto histórico de la Revolución Rusa no cesa con el desmoronamiento de su figura estalinista. El cierre del ciclo (post)estalinista en 1991 plantea un reinicio, todavía incierto, de la historia de la subjetividad. En tal sentido, se habilita la pregunta sobre qué es el psicoanálisis después de la Revolución Rusa, esto es, una vez que dicha revolución *ha pasado*.

Prehistoria y eficacia de lo inconsciente, a propósito de la Revolución Francesa

Se dice una verdad cuando se sostiene que el surgimiento del psicoanálisis tiene una condición de posibilidad propiamente burguesa. Pero a esa verdad es preciso delimitarla para no incurrir en los equívocos que supone lo "burgués". El primer psicoanálisis desarrollado por Freud en la Viena del cambio del siglo XIX-XX no es burgués porque lo sea la ideología de su fundador, ni porque sean burgueses sus pacientes, ni porque de conjunto el dispositivo psicoanalítico sea epistémicamente hablando —esto es, en tanto conocimiento situado en una historia— funcional a la primacía económica de la burguesía.

Podemos liberarnos entonces desde el comienzo de falsos problemas, tales como los de si Freud piensa en el horizonte de una ideología personal burguesa, si los tratamientos responden a una demanda de clase con una ubicación estructural determinada (y que no conviene ni con la clase obrera ni con el campesinado), o si a la burguesía le corresponde necesariamente un concreto contenido ideológico. En otras palabras, nos emancipamos de las paradojas de descubrir el régimen de causalidad que determinaría, desde una base socioeconómica capitalista, la constitución del psicoanálisis como "superestructura" en el plano de las ideas. La dificultad no reside solo en la dudosa validez de una explicación causal determinista-económica, sino en la sustracción de la densidad temporal que dicha explicación sincrónica involucra.

Si el psicoanálisis freudiano es burgués, lo es porque su problema central en el tratamiento de las dolencias psíquico-emocionales tiene como condición de existencia el advenimiento del mundo burgués, esto es, la constitución de una dominación social instituyente de una "lógica" del conjunto de la experiencia y de sus marcos objetivos atenidos a la producción y apropiación capitalista de plus-valor. Mientras tanto, la fragilidad sistémica de legitimidad en las dominaciones política e ideológica —inerradicable de la sociedad burguesa— renueva la vigencia de las abstracciones simbólicas. Patriarcado, monoteísmo, monologismo lingüístico, perduran en nuevas circunstancias. De manera que con aquella lógica no se produce una expulsión de la historia, una fundación que corta el lazo con el pasado, sino una apropiación de larguísimas continuidades que subsisten en la complejidad de las transformaciones históricas. Lo inédito es la imposición de una dominación común a toda la sociedad sin el ejercicio de la violencia directa. No obstante, los límites de un reproductivismo funcionalista son evidentes en la persistencia del monopolio estatal de la violencia mortífera. Esa dominación no constituye una versión capitalista de la subordinación de clase que, en algunas versiones del marxismo, caracteriza a la historia humana.

Es verdad que se puede mostrar historiográficamente que en las sociedades complejas de otros siglos y milenios las condiciones materiales, las formas de producción o las creencias religiosas, constituyen aspectos más o menos determinantes de sus modos de ordenarse. Sin embargo, ellas carecen de la lógica mediadora de un movimiento de conjunto tal como observamos a simple vista en la sociedad capitalista. Tampoco hay en ellas una "dialéctica" que hace a las formas de la experiencia agitarse al ritmo de las evoluciones de una abstracción social, aquella que observamos cotidiana y fenoménicamente en la danza dineraria.

La constitución de una lógica capitalista en la sociedad burguesa es todo menos un efecto necesario de transformaciones previas, pues en los contextos en que surge, no preexisten tensiones inmanentes que conduzcan al mundo moderno. ¿Por qué? Justamente por la carencia de una lógica social precedente que en su contradicción generara una realidad nueva, erigida sobre las ruinas y el desarrollo tecnoeconómico de su figura histórica anterior. Marx (el de *El capital*, no el de *La ideología alemana*, este último todavía preso en el intento de proveer una versión "materialista" de la filosofía hegeliana de la historia) es muy claro sobre ello al desarrollar los capítulos sobre la "acumulación originaria" y "la colonización capitalista" para mostrar el carácter violento y voluntario de una fundación política de las relaciones de producción atenidas a la acumulación infinita de la ganancia. En otras palabras, la constitución capitalista del mundo sigue caminos donde la acción humana, encarnada en armas y poder estatal, se impone la tarea —sobre cuyos alcances de mediano plazo es ciega— de configurar política y jurídicamente los intereses particulares en la tendencia de devenir burgués de lo real. Es así que nace, nada especulativamente y con una gran variedad de matices que la historiografía se ocupa de describir, el mundo burgués.

La emergencia de una lógica enajenada en la acumulación de capital configura una experiencia novedosa de la realidad social. No es que en otras condiciones históricas, dentro y fuera del espacio europeo, la vida cotidiana sea definida a través de las interacciones intencionales de los individuos ni en la autoexpresión inmediata de la comunidad. La sociedad capitalista no es la primera sociedad de clases aunque sus clases posean una universalidad inédita. Tampoco es la primera en que circulan las mercancías y el dinero. Sí es la única en que la forma-mercancía es de antemano el móvil de su circulación ilimitada. En esa objetividad se constituye la subjetividad del sujeto individualizado por la forma-salario, en una creciente reducción del individuo a fuerza de trabajo (no es en lo que discutiré radicalmente decisivo el que esa fuerza laboral sea manual o intelectual, aunque será en esta última en la que se manifiesten primero los efectos subjetivos enseguida descriptos). El individuo es el organismo vivo productor de un valor-que-se-valoriza.

Con la individualización y conformación del individuo-yo se produce una doble escisión: se genera el individuo como cuerpo desgajado de un plano social sustantivo o comunitario y se divide el aparato psíquico que, al mismo tiempo, se construye *psicológicamente*. La individualización ha sido estudiada por la sociología, de cuyas investigaciones cabe recordar aquí la oposición entre el individuo y lo colectivo como experiencia traumática de "pérdida", de "extrañeza" ante lo social como un otro autónomo. Esa autonomía no es una representación antojadiza y analizable en términos de verdad como correspondencia con los hechos. Expresa la efectiva alienación del sujeto dialéctico "sociedad" a través de la lógica del capital. La división psíquica del sujeto individual es mucho más complicada porque no interesa únicamente al pensamiento. La psique es un afecto corporal. El surgimiento de las "instancias" psíquicas involucra un ordenamiento político-social del cuerpo.

Es un convencimiento hoy compartido por diversas disciplinas de conocimiento que la constitución histórica del yo pertenece a la institución de la modernidad. La sociología configuracional, por caso en el Norbert Elias de *El proceso civilizatorio*, provee razones para establecer que el super-yo como autocrítica social del sujeto también es una instancia emergente con una socio-psico-génesis desplegada a lo largo de varios siglos de domesticación pulsional. La cronología del ello como reservorio crucial de lo inconsciente se despliega en una cronología extremadamente más prolongada y compleja.

En efecto, el territorio de lo inconsciente caracterizado por Freud como el *ello*, que no deja intactas a las otras instancias psíquicas (son, en rigor, desprendimientos suyos), opera en una temporalidad larguísima que hunde múltiples raíces en las historias de la hominización y de la constitución de las ramas culturales de la humanidad. Por razones de espacio, voy a mencionar aquí dos de esos lineamientos constituyentes de una *longue durée*.

En primer término, se encuentra la constitución del patriarcado como modo de dominación universal producido en las historias humanas previas a la modernidad. Subrayo esa diversidad de historias porque es inadecuado mentar una historia universal hasta el advenimiento de la modernidad entre el 1500 y el 1900, aunque por cierto las razones imperiales previas arriesgaron figuras primeras de una universalidad conceptualmente frágil. Para convencerse de ello, basta observar los estrepitosos "derrumbes" de los imperios antiguos. En el transcurso de los siglos, según matices tocantes a las tradiciones culturales y con una vigorosa incidencia de las condiciones económico-sociales, el patriarcado adquiere vigencias subjetivantes aún previas a la formación de yoes individuales, con el surgimiento de los monoteísmos. Los textos de Agustín de Hipona, tanto las *Confesiones* como *La ciudad de Dios*, son documentos reveladores de hasta dónde alcanza la abstracción simbólica no capitalista.

En segundo término, hallamos a la historia del lenguaje. En toda formación histórica el lenguaje es un fenómeno social y preexiste a las generaciones hablantes. Por eso, la experiencia del lenguaje ha sido y será siempre una praxis de la alienación, es decir, del desencuentro entre las palabras y las cosas, entre hablantes y hablantes, *en* el hablante como tal. En ese preciso sentido, es válida la idea de que lo inconsciente "carece de tiempo". Sería impropio deducir que entonces la relación entre lenguaje y hablante ha sido siempre la misma en todo tiempo y lugar. De allí que si lo inconsciente freudiano es una categoría característica de la modernidad, no todos los estratos de lo inconsciente son modernos. Por el contrario, si hay lo inconsciente freudiano es porque anuda una multitud de tiempos en pugna. Hay prehistorias de lo inconsciente que son correlativas a la experiencia de la humanidad hablante. Porque si desde hoy podemos mencionar *una* humanidad habilitada por la traductibilidad de las lenguas, sus antecedentes en la construcción de lo inconsciente siguen caminos plurales. En todo caso, la praxis de la ajenidad del lenguaje como contracara de su incorporación inconsciente nunca es unívoca.

Con el acceso violento a la modernidad ocurre una lenta globalización de las lenguas, la imposición de las lenguas nacionales, la difusión colonial de los idiomas del que prevalece; consecuentemente, el del colonialismo más extenso: el inglés. El uso de la lengua deviene crecientemente un fenómeno objetivo, con la difusión de la educación estatal, con la expansión del "capitalismo impreso" y la prohibición de los "dialectos". Enfatizo nuevamente que el lenguaje siempre manifiesta una faceta alienada en la comunicación, descripción y constitución lingüística del mundo. Pero con la modernidad se produce un salto cualitativo en la relación entre sujeto, lenguaje y sociedad. Walter Benjamin lo representa en una metáfora teológica como la caída del verbo divino en que este *se hacía las cosas*, en que palabras y cosas eran intercambiables.

En suma, con la convergencia de una lengua social constituida en un lenguaje crecientemente objetivo y una paralela objetivización de una lógica social enajenada, peculiar de la sociedad capitalista, se generan efectos sobre los cuerpos humanos que denominamos lo inconsciente. Para dar cuenta de la correlación entre sociedad capitalista y psicoanálisis es preciso refinar las descripciones, porque no encontramos una unidad indivisa de la modernidad capitalista. Los saberes que pueden auxiliarnos en el entendimiento del surgimiento de lo inconsciente son numerosos, y cuando Freud apela a la etnología y a la historia de las religiones, al folklore y a la historia del derecho, se mantiene, aunque parezca sorprendente, en un registro estrecho. No obstante, se aproxima a lo que hoy nos es dado identificar como el conjunto de temas que requerimos conocer para representarnos con alguna densidad metódica los múltiples estratos histórico-temporales sedimentados en las operaciones de lo inconsciente actualmente vigentes. La multiplicidad de la *Nachträglichkeit* freudiana atisbó genialmente esas sedimentaciones en términos de la "ley biogenética fundamental", sobre la que con desacierto ironizan los estructuralismos del *après-coup*.

La modernidad no es una fase histórica compacta. Basta imaginar cómo se concreta la modernidad en Nueva York o Texas, en Asunción, Adís Abeba o Manila. Es un terreno heterogéneo sometido a las dinámicas universalizantes de la lógica capitalista, la que genera ámbitos comunes, pero también fragmenta y refigura constantemente costumbres y hábitos. Sobre todo, está condicionada por procesos históricos de ruptura que modifican el principio de realidad. A esos procesos los denominamos revoluciones histórico-universales, pues alteran el principio de realidad con un alcance tendiente a la globalidad. Como denuncia el historiador conservador Reinhart Koselleck (1979), las revoluciones son siempre utópicas, universalizantes. En la historia moderna y contemporánea se verifican tres de esas grandes mutaciones en que se declina el signo objetivizante/subjetivizante de la modernidad. Ahora esquematizaré la primera, retomando a Kant en su noción de la Revolución Francesa como "signo histórico" del sujeto burgués en formación. En la próxima sección, analizaré la segunda mutación, la Revolución Rusa y sus consecuencias para la historicidad de lo inconsciente en el psicoanálisis. En la conclusión, aludiré a una tercera mutación, en cuyas entrañas aún nos debatimos, que es la del fin del ciclo de la Revolución Rusa o el imperio global del capital.

La Revolución Francesa revela que los goznes político-jurídicos de la naciente modernidad burguesa son inestables y coactivamente reconfigurables, que hay una contingencia raigal en las representaciones vigentes de la autoridad. El Rey es decapitable, la Iglesia puede perder sus propiedades inmuebles, la nobleza es disoluble, todos (los sujetos masculinos) pueden y tal vez deban ser ciudadanos.

En suma, la sociedad es reordenable en términos puramente mundanos, definidos por los fines que los ciudadanos se den a sí mismos en una *res publica*. Por supuesto, esa misma revolución revela otras dimensiones: el Terror, la guerra externa, como constitutivas de sus desarrollos. Incluso una revolución como la norteamericana, que se quiere en Hannah Arendt la revolución de la libertad y no de la necesidad, dirime menos de un siglo más tarde —a propósito del esclavismo— su propia guerra civil con más sangre que la vertida en Francia.

La Revolución Francesa funda la cesura histórica en que emerge el sujeto de lo inconsciente freudiano. Es el sujeto sin rey, o en todo caso con ese rey castrado que es el de monarquía constitucional. El sujeto freudiano es entonces democrático, aunque su invención teórico-práctica asome en el seno del Imperio Austro-Húngaro. Carece de un fundamento teológico-político, a pesar de que lo teológico-político no desaparezca pues es otra fibra de esas cronologías largas en que se trama la *longue durée* de lo inconsciente. Por eso Freud sabe que al escribir *Moisés y la religión monoteísta* también elabora temas de la más urgente actualidad. El mundo burgués afirmado con la Revolución Francesa (que, para entendernos, en América Latina se realiza a mediados del siglo XIX luego de las revoluciones independentistas, partícipes del *ciclo atlántico de la revolución* de la cual la francesa es epítome), resigna el fundamento simbólico y se hace posible solo porque está contenido en una lógica en formación de objetividad vinculante: la ya mencionada provista por el valor-que-se-valoriza. Si la política y la cultura son inestables, su contraparte dialéctica es una inestabilidad que hace de fundamento sin fundamento, esto es, la vida mercantilizada, a la que Marx atribuye el "carácter fetichista de la mercancía".

Ese fundamento sin fundamento está lejos de ser una fuerza objetiva impuesta conductistamente sobre los individuos en creciente psicologización. El fetichismo de la mercancía por el cual los objetos dinerificados se mueven autónomamente y nos mueven, es al mismo tiempo una fuerza *subjetiva*. Su naturaleza dialéctica nos libera de la pregunta inadecuada de cómo la "economía" rige la "psicología", porque la formación del fetichismo es objetiva/subjetiva, trascendiendo los dualismos del sujeto trascendental o del yo solipsista.

Que el fetichismo de un mundo objetivizado, ante el cual el individuo se encuentra desajustado, hallara en las mujeres el lugar de crisis psíquico-somático fundacional del psicoanálisis no puede sorprender. La puesta en cuestión del dominio patriarcal afectado por el "fin del Antiguo Régimen" del poder, esto es, el devenir burgués del mundo, es desigualmente distribuido, incluso entre las mujeres de las clases medias que poseen una mayor educación y afección por las incertidumbres del lenguaje. La dominación masculina es modificada en los siglos iniciales de la modernidad, pero su efectividad no es radicalmente cuestionada, a tal punto que filósofas feministas como Carole Pateman (1995) descubren en el surgimiento de la libertad política moderna una refiguración constitutiva de la primacía patriarcal. Justamente en la encrucijada de la emancipación y la dominación que constituye al mundo moderno, lo inconsciente plasma en la construcción de la histeria la expresión fenoménica de formaciones transaccionales de la crisis del sujeto.

Detenerme en las aventuras de lo inconsciente y de las repercusiones demoradas de la Revolución Francesa en el ámbito del psicoanálisis, exigiría un curso argumentativo alejado de lo que me interesa destacar sobre la novedad irrumpida, apenas nacido el psicoanálisis, en su propio seno: la Revolución Rusa. Conviene sin embargo destacar que hacia el 1900 la promesa moderno-burguesa de una vida social progresiva y pacífica, ya sin revoluciones ni guerras, ingresa en una época de inocultable debacle, de la que pronto descuella ese trauma histórico que es la Gran Guerra de 1914-1918. Se ha hablado, al respecto, de una imposibilidad de narrar la experiencia del desastre, un cese de la representación intersubjetiva, pública, de los sentimientos del sujeto ante una realidad destructora que a cada individuo se le plantea de manera inapelable. En todo caso, con la Revolución Rusa lo revolucionario reingresa en la escena política y también en su trastienda inconsciente. El psicoanálisis no permanece inmune a ese nuevo signo histórico.

El psicoanálisis freudiano y la Revolución Rusa

La eficacia histórica de la Revolución Rusa es muy distinta a la verificada con la Revolución Francesa. Si la sociedad europea impactada por la Revolución Francesa ya se encuentra en desigual proceso de sumisión a la lógica de la mercancía, y por lo tanto a la psicologización individual que constituye una condición de posibilidad del sujeto de lo inconsciente freudiano (no de lo inconsciente genérico del sujeto hablante, que posee una historia más prolongada), la sociedad mundial conmocionada por la Revolución Rusa incide en un clivaje inédito: el que habilita la posibilidad de una reapropiación humana de la objetividad alienada por el capital, y de los modos del lenguaje alienado por la dominación patriarcal-masculina en el mundo burgués.

Respecto de este tema, es conveniente apartar la temática de las actitudes de Freud hacia el comunismo y la Unión Soviética. Del mismo modo, son secundarias las informaciones, por lo demás interesantes, sobre las cambiantes actitudes de dirigentes revolucionarios o del Estado soviético hacia el psicoanálisis. Mi interrogación concierne a las condiciones históricas de las peripecias de lo inconsciente tal como se verifican en el continente teórico-práctico del psicoanálisis. Esa interrogación, como se comprenderá fácilmente, excede al caso de Freud.

El primer psicoanálisis incorpora una veta ilustrada. Es el reverso de su faena destructora de las ilusiones modernas y, en primer lugar, de las quimeras del yo autoconsciente. Su "fin del tratamiento" se aproxima a la vocación iluminista de contribuir a la autonomía del sujeto, a la expansión de las capacidades del yo para lidiar con las condiciones externas/ internas de la vida, a la transposición de la potencia del ello en beneficio de las facultades creativas individuales. Un básico realismo deja inmodificado el contorno del sujeto para fortalecer su capacidad de decirse y liberarse, si no de las constricciones de la opacidad del lenguaje encarnado, sí de sus consecuencias paralizantes y lesivas. Pero el psicoanálisis freudiano deja como está todo lo que concierne al principio de realidad. Y eso es justamente lo que el signo histórico de la Revolución Rusa pone en entredicho, esto es, la existencia del mundo como un dato incontrovertible. La novedad suscita un desacuerdo entre las filas del movimiento psicoanalítico cuyas tramas su fundador desea preservar, siguiendo un consejo de Ernest Jones, en el círculo juramentado confirmado por un anillo cuidadosamente distribuido.

Las promesas de la Revolución Rusa inciden en el plexo epistémico-práctico del dispositivo psicoanalítico freudiano porque redescriben las aventuras "psi" en un plano de contingencia nuevo. No es por azar que pronto se diseñan proyectos de una izquierda freudiana, de un marxismo freudiano y de conjunciones entre usos del lenguaje, marxismo e inconsciente, de las que el surrealismo francés es el caso más conocido. Es cierto que los resultados de esas innovaciones son moderadamente significativos para el campo psicoanalítico en formación. Sin embargo, modifican su ambiente "intelectual y moral".

En este lugar, debo detenerme para señalar que la interlocución del marxismo con el psicoanálisis sigue un curso poco productivo, salvo en algunas obras como *Eros y civilización* de Herbert Marcuse o *Freud y los límites del individualismo burgués* de León Rozitchner, cuyas iluminaciones no han sido plenamente elaboradas. Más a menudo, el marxismo que dialoga con el psicoanálisis quiere ser una versión positivista y biologicista. Con esa apariencia "materialista",

proclama los derechos explicativos del sexo para comba-
tir el "carácter autoritario" (como en Wilhelm Reich). Es
un marxismo freudiano que renuncia a los descubrimien-
tos más perdurables de la crítica marxiana de la economía
política y reduce el psicoanálisis a una teoría afirmativa del
goce. Y en consecuencia, deviene en blanco fácil de la devastadora crítica foucaultiana de la "hipótesis represiva".

El psicoanálisis lacaniano es uno de los múltiples emer-
gentes de la eficacia disruptiva de la Revolución Rusa. Por
supuesto, la expresión "psicoanálisis lacaniano" es en exceso
unificadora de torsiones eminentes en el recorrido que guía
a Jacques Lacan de su tesis doctoral en psiquiatría, o tal
vez del ensayo de 1938 sobre "La familia", a la teoría de los
nudos de los años finales.

Lacan tiene razón al inscribir su retorno a Freud en
términos de una recuperación de la eficacia del lenguaje
en la estructuración de lo inconsciente. La innovación no
se produce entonces en ese plano ni en la teoría pulsional
que, como sabemos, es reconfigurada. La novedad adviene
en el orden de lo real. No en el de lo simbólico ni de lo
imaginario, que son de raigambre freudiana. Lo real es justamente aquello que en el plano del sujeto es irreducible a
lo simbólico y lo imaginario, sin ser una entidad diferente.
Entraña entonces la imposibilidad de subsumir al sujeto en
la reproducción social, como reborde de las operaciones de
identificación y reconocimiento.

A menudo, se recuerda en la biografía intelectual de
Lacan la incidencia que posee en su concepción teórica la
lectura de Hegel producida por Kojève. El Hegel del fun-
cionario soviético incorpora el dominio estalinista una vez
consolidado su Estado como autoconsciencia de la nada en
el humano, como cese de la dialéctica y del tiempo, como
la detención de la historia. La Unión Soviética en tanto
sociedad sin dialéctica, sin temporalidad, se proyecta como
esquema de lectura de la filosofía política y la antropología
hegelianas. Kojève es, así, el teórico del fin de la Revolución Rusa interpretada por el estalinismo como triunfante

en un solo país. La Revolución Rusa era formateada en una noción alternativa de modernización, solo que privada de negatividad.

Entiendo que, tras la enseñanza de Kojève, lo real lacaniano constituye un esfuerzo por problematizar una reciente era del sujeto atenazado entre las subjetivaciones simbólico-imaginarias y los recursos de lo real rebeldes a los intentos de adecuarlos al fin de la historia. El pesimismo político de Lacan, luego transferido a las distintas y enfrentadas fracciones de la diáspora lacaniana, constituyó una de las versiones de las teorías (críticas) del totalitarismo.

El antitotalitarismo lacaniano, ajeno a cualquier proyecto de una línea de reconversión revolucionaria de la Unión Soviética o al relanzamiento no estalinista del horizonte político anticapitalista, elabora precisamente las nuevas condiciones en las que adviene el sujeto deseante entre los desfiladeros del lenguaje y las obstinaciones de lo real. Incrédulo ante la revolución, Lacan entrevé desde la clínica una objetividad evanescente pero implacable. La persistencia de lo real como inasimilable, imposible, para lo que en pocas palabras denominaré la abstracción social —la lógica de la que he hablado más arriba, ya ampliamente desplegada durante el siglo XX—, no inaugura en Lacan una vía optimista de subversión del deseo tal como se puede observar en algunas lecturas *queer* de sus textos. El lenguaje subvierte al sujeto moderno, al sujeto de la ciencia, al sujeto de la Revolución Francesa, interpretado como antecedente de las demasías del sujeto revolucionario. El argumento de Lacan es perfectamente conservador (aunque no reaccionario), trazo ideológico beligerante que le permite una feroz revisión del postfreudismo y una condescendencia irónica hacia el estudiantado sesentaiochista. En todo caso, genera una versión moderada de la teoría democrática, según se observa en la "izquierda lacaniana" delineada por Yannis Stavrakakis. Todavía en este, como en el Ernesto Laclau polemista contra Slavoj Žižek, la revolución aparece como el intento desesperado y peligroso de neutralizar la ausencia de fundamento, instaurada por la "revolución democrática" (Claude Lefort), en el corsé de una sutura simbólico-imaginaria. Regresaré a este tema en un ensayo posterior del presente libro.

No es asombroso que las prosas psicoanalíticas dialogantes con el cambio epocal generado por la Revolución Rusa impulsen una recomposición de los ensayos de una izquierda freudiana, sin una interacción productiva con la reformulación lacaniana del psicoanálisis. Basta pensar en las opciones presentadas por Cornelius Castoriadis y Félix Guattari, dos anticapitalistas y antiestalinistas convencidos, y reconocer las potencias asignadas a lo imaginario en un caso y al inconsciente maquínico en el otro, para delinear la ajenidad de la versión lacaniana del legado freudiano hacia cualquier proyección revolucionaria. Lo que me interesa subrayar es que el lugar del sujeto en el psicoanálisis posterior a 1917 —y sobre todo desde 1929, en que el estalinismo clausuró el periodo revolucionario de la experiencia "soviética"— ya no fue el mismo.

El ciclo de la Revolución Rusa concluido en 1929 no cesa de reprimir las reverberaciones del acontecimiento revolucionario sino hasta 1991, en que termina la larga agonía de la fantasía estalinista. En las consecuencias de su "signo histórico", los equívocos son numerosos y se mezclan con las nuevas ocasiones del acontecer revolucionario que recorren el siglo. Así acontece en América Latina con la Revolución Cubana, en cuya estela se genera una singular izquierda freudiana. Para lo que aquí interesa, la idea de un Hombre Nuevo neutraliza la viabilidad de toda consideración responsable del psicoanálisis en sus vertientes asequibles a una teoría crítica. Sería con todo una simplificación abusiva reducir los pensamientos radicales del psicoanálisis a la prisión estalinista de una teoría sin tiempo. Una reconstrucción crítica del enlace difícil entre psicoanálisis y revolución nos proveería interesantes reflexiones. Sin embargo, esa reconstrucción parece innecesaria después del cierre definitivo de la Revolución Rusa en 1991.

Básicamente, porque la sociedad capitalista en su crisis interminable desde 1973, con sus crecimientos mediocres, estancamientos duraderos y sobresaltos recurrentes, cree haber conquistado en su fase globalizada una inestabilidad sin cuestionamientos revolucionarios. El socialismo burocrático es por ello el hermano-enemigo del orden capitalista, el que adquiere en la superación seudodialéctica del pasado reciente una primacía sin demasiadas promesas de bienestar. ¿Qué sujeto adviene entonces y qué consecuencias posee el fin de la Revolución Rusa para un psicoanálisis siempre de alguna manera afectado por el hecho revolucionario?

El pasado futuro del psicoanálisis después de la Revolución Rusa

Por desgracia, para tantos diagnósticos que han sellado a cal y canto las posibilidades de nuevas revoluciones, es un rasgo definitorio de los procesos revolucionarios el advenir en lugares sorprendentes y de maneras inesperadas. Una revolución siempre se explica retrospectivamente. Las revoluciones no se "hacen" ni se predicen. Por eso, no podemos afirmar, salvo que poseamos una teoría del fin de la historia, si dentro de pocos años continuaremos en la situación actual del orden capitalista global o si sucederán hechos revolucionarios que modifiquen sustantivamente nuestro tiempo.

Lo que sí podemos pensar son las consecuencias para el psicoanálisis, como teoría históricamente condicionada, de la *posterioridad* de la Revolución Rusa. Utilizo este término de tantas resonancias freudianas porque estimo que nos hallamos aún entre las mallas de una eficacia *nachträglich* de la derrota definitiva del experimento soviético y, sobre todo, del formato estalinista impuesto a la Unión Soviética.

El sujeto postrevolucionario corresponde hoy con el sujeto capitalista, que no es uno sino una multiplicidad de formulaciones subjetivo-subjetivas atenidas a la abstracción social. Una de las extraordinarias proezas de la sociedad capitalista como estructura de dominación consiste en imponer una lógica que asume formas múltiples, cuya única prohibición reside en evadir la desvalorización del valor. Otra proeza es la flexibilidad mediadora para incorporar otras lógicas de dominación de larga duración, decisivas para cualquier entendimiento del psicoanálisis, tales como las del monoteísmo y el patriarcado.

El agotamiento de la fase de crecimiento en la acumulación del capital que logra en Occidente índices sorprendentes entre 1950 y 1975, ha conducido a una incertidumbre en la que se profundiza la opacidad epocal. A la ideología correspondiente con ese tiempo postkeynesiano de la sociedad burguesa se lo ha denominado neoliberalismo. Las veleidades del sujeto neoliberal son escasas, pues sus países no pueden crecer económicamente siquiera "a tasas chinas", es decir, como ese fósil exitoso del estalinismo.

La subjetividad capitalista —que, por cierto, se declina de diversas maneras— es frágil y encuentra en el consumo un refugio pasajero, inseguro. Con un Estado distinto al que predomina en el siglo XIX de la Revolución Francesa, y una política ajena a la que distingue al siglo XX de la Revolución Rusa, el mercado constituye la escena privilegiada donde se dirime la experiencia subjetiva. No es que el Estado haya desaparecido. Lo que se ha alterado es su función social.

Los siempre difíciles nexos entre los goznes simbólico-imaginarios y lo real, materializado en el peligro de muerte violenta y la destrucción de la existencia natural del planeta, encuentran ofertas de suturas complacientes con las que el psicoanálisis no puede, ni podría, competir exitosamente: el consumismo, los psicofármacos.

¿Qué será del psicoanálisis si ha cesado, a la Kojève, la era de las revoluciones? ¿De qué otras subversiones de lo simbólico, lo imaginario y lo real se alimentará un pensamiento freudiano que hace décadas ya no conoce una renovación intensa? Pienso al respecto que el legado de la Revolución Rusa no es inerte. Particularmente en lo concerniente al psicoanálisis teórico, la Revolución Rusa proyecta una promesa de cuestionamiento de las enajenaciones propias de una sociedad del capital como sujeto automático y de la política como especialidad de élites privilegiadas. Manifiesta, incluso con su suicidio estalinista, que el nacimiento del saber freudiano como tratamiento del sujeto burgués pudo haber excedido el tímido alcance de una negociación entre el principio de placer y el principio de realidad.

La historización no burguesa del principio de realidad en conexión con el discernimiento constructivista del principio de placer —empresa en la que sorprendentemente se hermanan Marcuse, Castoriadis y Foucault— condensa la promesa irrealizada de la Revolución Rusa en el psicoanálisis. Sin ingenuidades ni cegueras ante los reversos de una experiencia emancipatoria frustrada (por el contrario, es decisivo incorporar las dimensiones potencialmente totalitarias del fenómeno revolucionario), reflexionar sobre qué dice y qué ya no puede decir el pasado de la Revolución Rusa constituye una oportunidad para la autocomprensión crítica del psicoanálisis. Pues si sus potencialidades analíticas son inseparables de una prolongada historia del lenguaje, del patriarcado y del monoteísmo, tampoco lo son de la mucho más breve historia en que la modernidad se vio conmocionada por las cesuras revolucionarias.

Me asalta la duda de si esta conclusión es escatológica, milenarista o modernista. ¿Acaso el psicoanálisis lacaniano no ha generado una *edad de la razón* democrática? En un ensayo posterior, reflexionaré sobre la posibilidad de que una lectura radical-democrática de Lacan clausure la relevancia de lo revolucionario en las *extensiones* de la invención freudiana en la política de izquierdas. Ahora debo elaborar el soporte conceptual para el proyecto de reponer la interlocución entre psicoanálisis y marxismo.

3

Psicoanálisis y marxismo en el siglo XXI: tesis para un reinicio

La tesis central de este ensayo sostiene que, a contramano de lo que sugieren los magisterios predominantes en el psicoanálisis conceptual y en cierto marxismo "cultural" en las últimas décadas, la empresa de una teoría crítica en la que tenga un lugar la analítica radical de la sociedad burguesa global exige retornar *al problema de la historia en Freud*. La muy justificada atracción de la lectura lacaniana del primer psicoanálisis genera varios problemas que este ensayo solicita problematizar. Ahora bien, no solo es una incógnita el modo de volver a Freud. Es quizás más difícil dilucidar qué implica volver a Marx. En la discusión que sigue, me atengo a los resortes teóricos de ambas vueltas y las revueltas de su conjunción, pues los desafíos de la praxis demandan arreglos de otra índole.

Jamás se regresa a los orígenes, sobre todo porque no se vuelve a nombres, ni a doctrinas como sistemas autocontenidos. Se revisitan significaciones epocales involucradas en horizontes conceptuales situados en matrices complejas. Esto es, se avivan archipiélagos de ideas exigentes de explicaciones sobre cómo proceder con ellas en el mundo sublunar de la teoría. Mas, antes que la ligereza de una prosa atolondrada, la opacidad actual de *qué hacer* condena toda empresa teórica a devenir en precoces reliquias. Los "errores" participan de elaboraciones provisorias cuyas falencias se descubrirán muy pronto si consideramos la acelerada obsolescencia de las teorías tras la crisis de los programas emancipatorios del Novecientos.

El marxismo freudiano o freudomarxismo ingresa en el estado de incredulidad que afecta a la impugnación sistémica de la sociedad capitalista a fines de la década de 1970. Por añadidura, es severamente afectado por la declinación del carácter corrosivo del psicoanálisis. El hecho general que condiciona el declive del tema "marxismo y psicoanálisis" es el vertiginoso desgaste de las promesas de la *revolución sexual* de la década de 1960. La conmoción del marxismo como tal es más temprana. En 1956, la invasión rusa a la Hungría de los consejos hace trizas las últimas esperanzas euroasiáticas de un fin de la burocratización "soviética". En otros espacios, esa cronología carece de validez, como en una América Latina conmovida por la Revolución Cubana o en Asia y África enervadas por el proceso descolonizador. Sin embargo, también allí hacia 1970 las promesas radicales se encuentran severamente dañadas.

El saldo del diálogo entre marxismo y psicoanálisis en el plano teórico no sobrevive a la revisión de la "hipótesis represiva" avanzada por Michel Foucault (1976), arrasando la promesa sesentista de una liberación de la libido como impulso de la reconstitución del sujeto burgués en sujeto revolucionario. En ese contexto, el contraataque teórico mayor ante la caída del enfoque izquierdista en la cuestión aquí tratada es la conjunción de Freud, Marx, Spinoza y Nietzsche propuesta por Deleuze y Guattari en *El AntiEdipo* de 1972. En América Latina, también con una lectura de Spinoza y Marx, fue el camino seguido por León Rozitchner en *Freud y los límites del individualismo burgués* (1972). Pero en ambos casos se trata de un camino de investigación que no prosperó en una proyección colectiva, la única idónea para avanzar en una tarea de alcances inmensos.

La doble regresión teórica del psicoanálisis durante los treinta años "gloriosos" de la sociedad capitalista occidental, entre 1945 y 1975, esto es, el biologicismo de la genitalización del deseo y el psicologismo de las terapias de consolación burguesa, no reina sin oposición. El "retorno a Freud" de Jacques Lacan parece inaugurar nuevas vías, ya no quebrantables por la crítica construccionista e historicista. La lectura lacaniana se hace fuerte ante la genealogía foucaultiana, tanto por la primacía siempre fallida de la lógica del significante como por la persistencia de "lo real" que por definición subsiste a la identificación subjetivante. Hubo y hay usos de Lacan en la izquierda. En lo que concierne a una discusión marxista, el nombre liminar al respecto es el de Louis Althusser. También la vía althusseriana permanece irrealizada con la declinación del estructuralismo desde 1970.

Desde cierto punto de vista, este diagnóstico puede ser discutido. La obra de Slavoj Žižek expresa durante los últimos 30 años una promesa de reconstitución de la interlocución entre la crítica del capital y la analítica de la subjetividad patriarcal fundante de la tragedia edípica. El enfoque lacaniano de Žižek posee la prerrogativa de incorporar en su esquema el derrumbe de los socialismos "realmente existentes". Hallamos otras figuras de una "izquierda lacaniana", mas aquellas que se enfrentan con la elaboración žižekiana se ven conducidas, erosionando su interés, al horizonte democrático-liberal de un sujeto incierto oscilante entre el miedo al totalitarismo y el rechazo del consumismo (Stavrakakis, 1999 y 2007). Me demoraré sobre ese aspecto de la izquierda lacaniana en el ensayo siguiente.

La relación metafórica del marxismo y del psicoanálisis lacaniano, planteada en *El sublime objeto de la ideología* en que Žižek (1989) cita el señalamiento de Lacan respecto de que "Marx inventó el síntoma", es reveladora de sus límites teóricos. Aunque las metáforas son pasibles de proveer conocimientos, la argumentación metafórica adeudada a Althusser, regida por analogías formales entre series heterogéneas, es conceptualmente efectista pues los caminos paralelos jamás entran en contacto. En otras palabras, no explica la arquitectura conceptual en la que tal "invención" homóloga tiene lugar. Sostendré que el marxismo lacaniano es por el momento incapaz de avanzar en un esclarecimiento de la pregunta misma que lo funda; a saber, si la sucesión de Freud por Lacan habilita por fin una mejor inteligencia de un vínculo posible entre marxismo y psicoanálisis.

El orden de este trabajo comienza con una elucidación de las dificultades que malogran al freudomarxismo, la que no obstante procura sugerir ulteriores lecturas en un legado inexhausto. Una segunda sección elabora sintéticamente el concepto de crítica marxista que autoriza ingresar de otro modo al diálogo con el psicoanálisis. Luego revisa las promesas de la recomposición del tema en el horizonte del discurso lacaniano en Althusser, Fredric Jameson y Žižek. Una cuarta sección, nuclear en el ensayo, se ocupa de los contextos de una nueva investigación que no se vea clausurada por los dilemas experimentados en la historia teórica del siglo pasado. Comencemos, entonces, por un arqueo del freudomarxismo.

Comprender el freudomarxismo

Regresar sobre la conjunción "marxismo y psicoanálisis" supone otra cosa que estudiar temas académicos más o menos relevantes como la noción de ley tendencial en Marx o de sujeto en Lacan. No se trata de un asunto de *research* evaluado por su originalidad, por su factibilidad y por las evidencias que avalan conclusiones provisorias. Interrogarse sobre la existencia misma del tema participa de la cosa.

No es, sin duda, original porque el asunto ha sido visitado en numerosas ocasiones desde la década de 1920. La izquierda freudiana sigue un recorrido básicamente biologizante determinado por sus contextos históricos de emergencia. Impulsada por la Revolución Rusa en tanto concreción de lo antes denostado como utopía, la posibilidad de una transformación anticapitalista orientada hacia el socialismo despierta una interrogación (que no es enteramente nueva, pero asume un inédito vigor por su flamante credibilidad) en la que se sobreimprimen muy pronto dos preguntas. La primera es la de por qué no se ha extendido con éxito la ola transformadora de 1917. Esta interrogación se aplica sobre todo a la clase obrera. La segunda es más inquietante, pero tiene rasgos similares a la previa: ¿por qué avanza el fascismo? Esta pregunta concierne principalmente a la clase media.

En los dos casos, antes de evaluar las respuestas es preciso meditar las preguntas. En ambas, el psicoanálisis es interpretado como una teoría de las consecuencias pato-logizantes de la represión pulsional. El reproche dirigido a Freud consiste, según argumentos diversos pero convergentes, en señalar su timidez crítica hacia la sociedad burguesa. Al universalizar la represión simbólica paterna como experiencia común a la inserción en el espacio social sexualizado, Freud acepta sin mayores prevenciones los daños causados por la familia burguesa y el trabajo asalariado. Las potencialidades críticas entrevistas en el artículo sobre el "nerviosismo moderno" (Freud, 1908) disminuyen significativamente en *El malestar en la cultura* (Freud, 1930). Freud es inconsistente con su propio pensamiento, el que puede proveer el complemento ausente en el materialismo marxista: una concepción crítica de la subjetividad, cuya importancia ha sido sacrificada en la polémica con el idealismo. El tópico constituye desde entonces el *leitmotiv* del freudomarxismo: las izquierdas, o bien carecen de una noción elaborada del sujeto, o bien emplean ingenuamente la originada en el racionalismo burgués.

Desde Wilhelm Reich, la izquierda freudiana adhiere mayoritariamente al comunismo internacionalista sin abandonar su adhesión al psicoanálisis. Mas, como consecuencia de la concepción represiva, la teoría pulsional devino en un fundamento naturalista. La presunción metafísica de un fondo "dialéctico" más engelsiano que hegeliano —la "interpenetración de los opuestos" correspondería con la polaridad pulsional (Reich, 1934)— acredita el restringido alcance filosófico del enfoque. En Reich, la posterior noción de "orgón", energía del orgasmo, es más que un indicio de su locura: involucra la perduración de la premisa de una fuerza natural y mensurable previa a lo social. Erich Fromm avanza en la senda de una "psicología social" en la cual el componente pulsional, concebido como natural, es subordinado a la relación del individuo con el mundo. Desde una concepción humanista, Fromm mantiene la escisión entre lo social y lo natural. Respecto a su recepción del psicoanálisis, tampoco la Escuela de Fráncfort logra, al menos hasta Habermas, evadir adecuadamente esta metafísica de la naturaleza.

Freud es muy claro respecto de que el concepto de pulsión no refiere a una sustancia natural, sino a una frontera entre lo psíquico y lo somático. Al reducir la pulsión a la biología fundante del principio de placer, el marxismo freudiano, incluso en la versión más compleja representada por *Eros y civilización* de Herbert Marcuse (1953), anula la dimensión decisiva del psicoanálisis ligada al lenguaje como práctica social constitutiva de las instancias subjetivas. Ese malentendido sistemático torna al freudomarxismo vulnerable a las críticas historicistas, como la de Foucault, en las cuales se deplora el esencialismo de un deseo sexual o erotismo deshistorizados. Basta entonces con mostrar la construcción social de la sexualidad para devastar el conjunto del razonamiento del marxismo freudiano.

Conviene detenerse brevemente para restablecer la racionalidad del planteo freudomarxista. Pero antes me interesa destacar que el nexo con el marxismo no es una intromisión en el "campo" psicoanalítico, una formación parasitaria traficante de cuestiones impertinentes. Un libro reciente recopila textos psicoanalíticos de lo que voy a referir con el acertado título de *A la izquierda de Freud* (Vainer, 2009). Es que, en efecto, Otto Fenichel, Sigfried Bernfeld, Vera Schmidt, Reich y Fromm, entre otros tantos nombres, son analistas profesionales que se descubren interrogados por la política de izquierdas y reexaminaron cuestiones de otro modo desconsideradas en el propio Freud. Pensado en toda su latitud, el encuentro entre psicoanálisis y marxismo constituye un capítulo legítimo de la historia del movimiento psicoanalítico.

La cuestión decisiva del freudomarxismo reside en el esfuerzo por comprender no tanto cómo el fascismo engaña a los amplios sectores que lo apoyan, incluso entre estratos obreros y populares, sino por qué estos anhelan la protección del líder y del Estado, es decir, por qué aman la dominación. La respuesta es represivista, sea que se la ligue a la sexualidad maniatada por la familia nuclear, sea que se la funcionalice con las exigencias del trabajo asalariado. De esa represión de pulsiones presupuestas como liberadoras y presociales deriva una noción de "carácter" generalmente calificado como autoritario, adecuado entonces a la interpelación fascista. En esto coinciden tanto el Reich de *Psicología de masas del fascismo* (1933) como el Erich Fromm de *El miedo a la libertad* (1942). El marxismo, como ya he dicho en consonancia con la teoría francfortiana, contribuye a la creación de la imagen de un nazismo cimentado en la represión sexual, lo que solo es parcialmente cierto (Adamson, 2005). Vencido el fascismo, el freudomarxismo descubre su fragilidad conceptual una vez que la fase expansiva de postguerra, y no solo en los países centrales euroatlánticos, incrementa el consumo y la inclusión sociocultural. Ese fue el soporte material de la crítica foucaultiana. Ante la "sociedad de la abundancia", las opciones críticas se sorprenden neutralizadas en sus capacidades de apertura de la contingencia histórica, como ocurrió con el Marcuse de *El hombre unidimensional* (1964), o se ven constreñidas a nutrir la capacidad analítica con insumos ontologizantes como en *El AntiEdipo*.

El tamiz historicista, que menoscaba el núcleo argumental freudomarxista concerniente a las subjetividades en la sociedad capitalista, deja algo irresuelto. Sea que se las conciba como discursos, dispositivos o normatividades, las coagulaciones subjetivas no se agotan en tales operaciones constructivas. Aquí es válido reconocer en el psicoanálisis que las operaciones de constitución están lejos de ser coherentes, ni corresponden precisamente con sus resultados. El Edipo *siempre* falla, toda sexualidad es artificial.

Esa persuasión decisiva del psicoanálisis no provee una "teoría del sujeto". Concibe una práctica (clínica) inescindible del fracaso de toda constitución completamente normativizada de la subjetividad. Dicho de otro modo, en Freud se encuentra la respuesta más eficaz a la objeción historicista foucaultiana. Pues si en Foucault, incluso en su versión más sofisticada posterior a 1980, los sujetos se constituyen entre los pliegues de las normas, en sus mandatos pero también en sus intersticios y efectos involuntarios, todas las derivas subjetivas se dirimen en la superficie del tiempo segundo y superficial de la generación antiesencialista de un "interior" más o menos problemático (Foucault, 1995). En cambio, si hay una vertiente historicista en Freud, por ejemplo la que reconoce la construcción social del "aparato psíquico" y de la configuración pulsional, en ambos casos nos encontramos en un límite donde se confronta la edificación históricamente contingente con una sedimentación de larga duración, en que se define la humanización de la criatura natural que en alguna medida nunca dejaremos de ser, al menos mientras seamos mortales. De ello no se sigue un fundamento pre-sociocultural. Se descubre el límite recién mencionado como efecto involuntario de las operaciones de imperfecta "constitución subjetiva".

De todas maneras, hay que decir esto: el juicio histórico sobre la empresa freudomarxista suele ser excesivamente unilateral. Al condenar sus fracasos en fundamentar una investigación que, desde la izquierda, leyese con penetración las innovaciones teóricas freudianas reinterpretables hacia una crítica de la sociedad, se elimina la buena pregunta que el proyecto freudomarxista instala (estoy convencido de que hay tramos de los trabajos freudomarxistas cuya lectura es todavía provechosa). En principio, respecto de las interpretaciones ilustradas y conciencialistas de la ideología. Luego sobre los nexos entre inconsciente y dominación social, aunque tal dominación sea —en su desmedro— concebida en el seudomaterialismo de "la economía" o de "las clases sociales". Esta indicación nos conduce a averiguar las dificultades en la recepción conceptual del marxismo. En efecto, un similar error seudomaterialista del uso de Freud en la izquierda freudiana se verifica desde la vertiente del marxismo, y en buena medida corresponde a una similar debilidad deshistorizante, pero con otros elementos teóricos. En efecto, el marxismo (incluso desde cierto Marx) se constituye en una orientación conducente a una crítica transhistórica de la sociedad productora de mercancías, en la que opera una distinción entre idealismo y materialismo. El modo de darse esa distinción es multívoco y cambiante. Por razones de espacio me restringiré a señalar su núcleo conceptual.

Qué marxismo para el psicoanálisis como crítica de la subjetividad mercantil

Las versiones tradicionales del denominado, después de Franz Mehring y Friedrich Engels, "materialismo histórico" son múltiples. Pero convergen en la base "materialista" sobre la que se erigen las formas estatales, jurídicas, políticas e ideológicas. También en la mentada base se sostiene la dinámica del enfrentamiento entre las clases sociales y la perspectiva de una transformación socialista. Semejante lectura metafísico-materialista de Marx menoscaba la validez históricamente limitada de su descubrimiento central, a saber, la emergencia de una lógica social abstracta característica al conjunto de las prácticas constituyéndolas como "sociales". Esa lógica no es estrictamente económica. Es la condición de posibilidad de identificar a la "economía" como un estrato específico de la realidad que solo entonces es una totalidad dialéctica; es decir, sistemáticamente proliferante y fallida. Sin embargo, tal identificación insti-

tuida en fundamento transhistórico capta inadecuadamente
la primacía de la producción de mercancías como sujeto
semoviente, automático, cuyo desarrollo posee una direc-
cionalidad enajenada orientada a la reproducción ampliada
del capital a través del "valor que genera valor".

Una característica decisiva de este sujeto social posthumano reside en que no consiste en una efectividad objetiva
o material opuesta a lo subjetivo o ideal. Si el sujeto es
"absoluto", es decir, subjetivo y objetivo, es porque su tota-
lismo deviene realidad irrestricta. Su alcance global excede las discutibles distinciones, finalmente deudoras de la
metafísica, entre lo interior (del pensamiento o el alma) y lo
exterior (de la producción material o el cuerpo).

Marx logra conceptualizar en los cuadernos de trabajo
de los años cincuenta, los *Grundrisse*, que la dominación
social involucrada en el sujeto-capital reside en su abstracción dialéctica. El que la abstracción formalice una lógica de
dominación sostenida en relaciones de producción sociales
(es decir, globales) implica que no atañe solo a lo económico, sino también a la producción inmanente de la sociedad
como tal. Esa lógica puede ser calificada de alienada no
porque malogre una esencia humana originaria, sino porque se impone a individuos y clases como una realidad a
la que siempre-ya es preciso ajustarse incluso para comba-
tirla. Materializa la constitución de una realidad como tal,
y no de una representación distorsionada de la misma. Las
formas del pensamiento —incluido el "crítico"— no se definen por su correspondencia con tal lógica, según acaece en
el anticuado modelo base/superestructura. Son un aspecto
de la lógica, están mediadas en ella. Lo mismo sucede con
los sentimientos y los deseos, durante la vigilia y el sueño.
Marx acuña para esa metafísica de superficie el concepto de
"carácter fetichista de la mercancía", que es en verdad una
morfología fractal de la "célula" social mercantil extensible
a toda su efectividad sistémica. En una aguja está, *in nuce*,
todo el mercado mundial. Es la nueva "astucia de la razón",
vinculante para el capital y para lo inconsciente freudiano.

La "dialéctica" capitalista que atraviesa y mediatiza todos los resortes de la producción y circulación de mercancías ha sido un intríngulis para el pensamiento empirista. Se entiende el escepticismo empirista, pues la lógica es eficaz *globalmente*, tal como ocurre con la determinación del valor de las mercancías que no corresponde con el tiempo de trabajo incorporado *en cada mercancía* en el proceso de trabajo particular. Es fijada totalistamente de acuerdo al "tiempo de trabajo socialmente necesario". El razonamiento empirista, que en lengua hegeliana se llamaría abstracta en el sentido de disgregadora en particularidades, arguye que semejante determinación excede los límites de la ciencia. La dialéctica material también suscita reparos en el propio marxismo, como sucede con su versión kantianizante en Galvano Della Volpe y Lucio Colletti, para quienes la pretensión de que en la sociedad capitalista opere una "abstracción real" de alcance global constituye una falacia "especulativa", un resto idealista y precientífico. Es que desde la premisa de una escisión sujeto/objeto, la pretensión de un "absoluto" que los unifique dialécticamente es incomprensible. Pero eso es justamente lo que, en contraste con otras experiencias históricas, ocurre con la abstracción social del capital. Las categorías del pensamiento son generadas en una realidad social e histórica vinculante. Lo que sostengo es su vigencia para las figuras de ese impensamiento presentado por Freud como lo inconsciente, *das Unbewusste*. Esto no significa que la experiencia cotidiana en la sociedad capitalista sea uniforme y carezca de tensiones. Por el contrario, está plagada de recomposiciones constreñidas por las potencialidades que sus límites (las relaciones sociales de producción) imponen, y por sus crisis inmanentes. Marx las piensa en el plano de la reproducción del capital, pero se diseminan en todas las dimensiones de la realidad. Hay que subrayar que esa diseminación es suplantada en el marxismo (no siempre solo) vulgar por una metafísica del trabajo o de la producción en un alcance transhistórico. De allí, la sorprendente presencia del modelo base/superestructura en tantos marxismos del siglo XX. Una de sus carencias es que deja inexplicada la aparición de la propia teoría crítica.

Jürgen Habermas argumenta que existe un déficit en la concepción marxista de la crítica de la "sociedad capitalista" en la que se olvida la praxis lingüística. De acuerdo al autor de *Teoría de la acción comunicativa*, el marxismo (incluido por cierto Marx) socava los principios de su propio planteo en tanto teoría crítica al unilateralizar las dimensiones de la experiencia en la modernidad. Al situar en el *trabajo* el núcleo explicativo de la dominación, la teoría se autodestruye, pues la subsunción del paradigma de la producción en una lógica unilateral imposibilita la concepción misma de una apertura de la crítica. Al constituirse en una versión de la racionalidad instrumental, la versión marxista de la sociedad conduce a un "mundo administrado" de consecuencias pesimistas. Y ello es válido para el pensamiento crítico en tanto que tal. En otras palabras, la teoría crítica se torna incomprensible para sí misma. No puede dar cuenta de su emergencia en el metabolismo enajenado del trabajo social. Surge como un *deus ex machina* sin vínculo efectivo con su matriz explicativa. Es igualmente importante el déficit que la concepción marxista entraña para la acción estratégica, pues también permanece impensable la generación de una orientación en el plano político. Si las prácticas están atrapadas en la red de la producción social reificada, ¿cómo surge la fractura cultural o política que plantee una alternativa? La dialéctica de las contradicciones sociales es una respuesta insuficiente pues la colisión interna de fuerzas objetivas no genera una proyección estratégica. Podríamos decir que la opción kautskiana/leniniana de hallarla en la teoría socialista institucionalizada en el partido marxista delata ese problema interno a la concepción de la dominación en Marx: solo aparece como entidad ajena al proceso de la producción que no es necesariamente pacífico.

Habermas sostiene que una reconstrucción de la teoría crítica con capacidad para inscribirse como posibilidad en el desarrollo histórico progresivo exige introducir otra dimensión: la interacción lingüísticamente mediada (Habermas, 1968, 1976, 1981). La pragmática del lenguaje se inserta en un proceso de evolución humana en la que se construyen las facultades comunicativas, el desarrollo del diálogo en funciones intersubjetivas crecientemente complejas, la emergencia de la opinión pública y la crítica. Los usos del lenguaje habilitan interacciones constitutivas de las identidades, tanto en el plano individual como en el colectivo. La aparición de los planteamientos críticos deviene entonces una emergencia conceptualizable en la propia teoría que ahora ha incorporado al lenguaje en su seno. Ya no se trata de una formulación arbitraria e injustificada. La construcción de una opinión pública que se plantee nuevas morfologías de coexistencia social se hace viable, pues el trabajo alienado no agota las figuras de la experiencia. Esto no significa que la praxis del lenguaje carezca de trabas o distorsiones sistemáticas. Tales obstáculos pueden provenir de las interferencias del poder estatal o los requerimientos de la reproducción social reificada. Pero de conjunto es posible afirmar que el proyecto de la Ilustración está incompleto y puede ser realizado gracias a la acción comunicativa.

La concepción habermasiana del lenguaje es idealista y trascendental, aunque sea ineludible reconocer las prolongaciones utópico-emancipatorias subyacentes como una de las posibilidades del lenguaje. Para Habermas, las limitaciones de sus capacidades comunicativas y críticas son externas. Lo que justamente estoy desarrollando en esta argumentación es que el lenguaje posee en sus historias y desarrollos las dos facetas de liberación y dominación en sus propias constituciones históricas, pues el ejercicio del lenguaje sedimenta y reproduce estructuras enajenadas y abstractas de diversas duraciones. Habermas reconoce que la "situación ideal de habla" admite la complejidad de las limitaciones sistémicas de la razón dialógica. En cambio, una concepción que incorpore las diversas temporalidades en la constitución "filogenética" de la humanidad conceptualiza las tensiones de larga duración y las contingencias suscitadas por la aceleración de las dinámicas culturales-políticas de la vida moderna. El paradigma del lenguaje, por lo tanto, no se opone antinómicamente al del trabajo.

De todas maneras, el señalamiento habermasiano sobre la carencia de una problematización del lenguaje en Marx y en el marxismo es, de manera general, correcto. Es en el refinamiento teórico de la crítica marxista de la abstracción social donde hallamos las nociones básicas para incorporar la dimensión lingüística de la dominación y sus potencialidades emancipatorias. No porque reduzca la historia del lenguaje a la del capital, sino porque permite investigar la novedosa abstracción social en su interacción con abstracciones simbólicas de diferentes cronologías.

El sujeto descubierto por Marx no descansa en una figura que sigue a otras figuras en una filosofía de la historia tramada por las modalidades de producción social a lo largo de la secuencia de las sociedades humanas. El pensamiento del Marx maduro, al enfatizar el carácter retrospectivo de la noción de una historia universal, neutraliza el recorrido presuntamente materialista que él mismo, junto a Engels, había propuesto en el manuscrito "Feuerbach" incorporado por David Riazanov en *La ideología alemana*. Esa historia es un efecto de la mirada habilitada por la abstracción de las categorías generadas en la sociedad productora de mercancías, que considera a las otras posibilidades de la existencia social como antecedentes de sí misma. Es decisivo comprender que esa abstracción conceptual, insisto, es viable por su gravitación efectiva en la experiencia social.

Al sostener esa crítica de la filosofía de la historia y del concepto de historia universal, Marx imposibilita el error de edificar un materialismo histórico como explicación sintética de la historia. Con el sujeto capital se constituye algo radicalmente nuevo. Ese sujeto es dialéctico y absoluto en la precisa medida en que, retomando una antigua relación crítica con la filosofía hegeliana, es teorizado por Marx como una lógica metabolizante sin exterior aunque plena de contradicciones. *El capital* es un tratado de las contradicciones: de la generación del plusvalor y el aumento de la "composición orgánica" del capital, de la "realización" del valor coagulado en cada mercancía en el intercambio (volumen I); de los circuitos, ramas y temporalidades de la circulación (volumen II); de las crisis sistémicas (volumen III). Al quebrar la continuidad histórica, así surge una formación social radicalmente novedosa que funda su propia temporalidad. Moishe Postone explica que la dominación en la sociedad capitalista está basada en una relación de abstracción, impersonal, mientras que en otras sociedades la dominación se reproduce en relaciones "directas", de imposición "abierta" de la apropiación de excedentes (Martín, 2014).

Ese marxismo es apto para interrelacionarse con el psicoanálisis, pues la dominación abstracta comparte los rasgos de lo inconsciente. En efecto, la lógica del capital se le presenta al sujeto como vinculante y siempre-ya-dada (no se trata de una deformación "ideológica", sino que es efectivamente ajena, enajenada), provee objetos de deseo nunca estabilizados y mediatiza la totalidad de la experiencia gracias al dinero. La teoría marxista del valor y del intercambio puede ser enlazada con una elucidación psicoanalítica de lo inconsciente y el dinero. Sin embargo, no explica completamente el surgimiento de la categoría de lo inconsciente como un fenómeno propio de la sociedad productora de mercancías.

La universalidad capitalista coincide solo en parte con la universalidad de lo inconsciente. Es por tal razón que una teoría del lazo entre cierto marxismo y cierto psicoanálisis exige una reflexión sobre las temporalidades. Admito que esto es un tanto enigmático a esta altura de mi argumento, pero creo importante anticipar que la "historia universal" impuesta con el mercado capitalista en globalización demanda reconocer las diversas temporalidades contenidas, según ha sido entrevisto desde antagónicos cuadrantes teórico-ideológicos (Ernst Bloch desde la izquierda, Fernand Braudel desde la centro-izquierda, Reinhart Koselleck desde la derecha). Además de la diseminación regulada por la acumulación económica, se produce un entrelazamiento con otras temporalidades tales como las del patriarcado, del monoteísmo y el lenguaje, las que resisten a disolverse en una nueva y única secuencia. No podríamos concebirlas, como quiso Kant en la *Crítica de la razón pura*, en términos de una "intuición pura" o "forma *a priori*". Involucran procesos históricos cuya inteligibilidad se dirime en la interrelación entre las dinámicas temporales adoptadas en la "modernidad" con las largas duraciones de inercias milenarias.

Para comprender la emergencia de lo inconsciente en el plano de las categorías de la subjetividad, del pensamiento y de la vida cotidiana, es preciso apelar a otras dimensiones no del todo subsumibles en la nueva temporalidad intracapitalista que habilita el análisis de Marx. En otras palabras, la tesis marxista de la dialéctica específica de la sociedad capitalista es insuficiente para dar cuenta de aspectos decisivos de la experiencia histórica en esa misma sociedad, aunque ninguno de esos aspectos pueda prescindir de la abstracción social contemporánea. Dicho esto, incluso como vacilantes puntuaciones preliminares, es viable regresar al asunto que me preocupa.

He dicho previamente que el marxismo freudiano no sobrevive a su apropiación esencialista del psicoanálisis y del marxismo. Se puede conjeturar —numerosos estudios lo han hecho— que el ingreso de Lacan al escenario teórico en la segunda mitad del siglo XX modificó el panorama esbozado en las páginas anteriores. Para evitar entonces la posibilidad de enfrascarnos en un falso problema es imprescindible tomar el pulso teórico del "marxismo lacaniano".

Promesas del marxismo lacaniano, de Althusser a Žižek

La obra de Lacan provee un servicio extraordinario al psicoanálisis en la segunda mitad del siglo XX. Sin la intervención teórica de Lacan el estancamiento conceptual del psicoanálisis hubiera ocurrido mucho antes de lo que acontece actualmente y tal vez el tema de este ensayo fuera incumbencia de la "historia de las ideas". No obstante, la recomposición del nexo entre psicoanálisis y marxismo no es tema de sus escritos. Pertenece a una reelaboración conceptual desarrollada en una más amplia "izquierda lacaniana", que será tema del próximo ensayo, una izquierda en cuya latitud más amplia participa el marxismo lacaniano estudiado en esta sección.

Lacan esclarece, en todo caso en principio con la presión formalista del estructuralismo, los razonamientos psicoanalíticos planteados por Freud en una esquemática biologizante ontofilogenética. Según he argumentado, la terminología biológica en Freud es forzada a expresar un discurso de nuevo tipo (Acha, 2007). Pero la manera en que Lacan revisa el extravío biologizante en algunas orientaciones freudianas paga un precio demasiado oneroso. Neutraliza el evolucionismo que torna pensable la multiplicidad temporal de lo inconsciente.

En otro lugar, he explicado por qué la *Nachträglichkeit* freudiana preñada de una pluralidad de tiempos como matriz central de la dinámica de lo inconsciente es inadecuadamente traducida por el *après-coup* lacaniano (Acha, 2010). Sintetizando el argumento, puedo aquí señalar que la adopción por Lacan de la "eficacia simbólica" lévi-straussiana —para establecer la relevancia de las combinatorias lingüístico-significantes en la constitución del sujeto— contrae en el presente de las siempre complicadas identificaciones imaginarias y simbólicas un decurso complejo formulado por Freud, es cierto que en una terminología no del todo precisa, de un modo a mi juicio más adecuado. Las consecuencias del carácter retroactivo en la generación de las "formaciones de lo inconsciente" otorgan relevancia al momento traumático de la irrupción identificatoria en detrimento de una "historia" no domesticable como construcción enteramente discursiva.

Lacan reordena en la primacía del presente, en su proyección *après-coup*, lo que en Freud supone una historia colectiva y de larga duración donde se entrelazan el presente de la transferencia, los recorridos biográficos y los prolongadas "herencias filogenéticas". (Se entiende que Lacan reflexiona sobre la situación clínica y que aquí se extienden sus conceptos a otro escenario, con los riesgos involucrados). Por eso Lacan, como Lévi-Strauss, juzga un extravío innecesario el esfuerzo freudiano por introducir los legados milenarios del asesinato del padre arcaico y el surgimiento del monoteísmo con el objeto de elucidar las configuraciones neuróticas y la "psicopatología de la vida cotidiana". La objeción se torna más vigorosa en Lacan a propósito del "sentido antitético" de las palabras que Freud remite a usos antiguos para explicar las mixturas del lenguaje de los sueños.

Más allá de las decisivas consecuencias clínicas de la innovación lacaniana sobre las cronologías freudianas, la temporalidad retroactiva y la relación de la eficacia de las operaciones del lenguaje en el recorte de las erogeneidades corporales (cruciales para las nociones de objeto a, goce y lo real), resultan en la conformación del lacanismo como un psicoanálisis de nuevo cuño, independizado de la matriz freudiana que procura esclarecer. Para lo que aquí interesa, neutraliza las implicaciones con la crítica del capital, del monoteísmo y del patriarcado que más adelante justificaré. Esa consecuencia es observable a propósito de la teoría lacaniana de los discursos y, especialmente, del "discurso capitalista" con que Lacan paga tributo al *espíritu 1968*. Antes que habilitar un diálogo entre psicoanálisis y marxismo, esa teoría lo hace innecesario. Si desde el interior de las combinatorias de los términos lacanianos se puede establecer la lógica capitalista de constitución imposible del sujeto, eso implica la irrelevancia del concepto marxista de capital.

Entre 1960 y la actualidad, se ensayan reconstrucciones del diálogo entre marxismo y psicoanálisis a propósito de la relectura lacaniana de Freud. Los nombres de esa reconstrucción son Althusser en casi toda su obra, Fredric Jameson desde "Imaginario y simbólico en Lacan" (1977) hasta "Lacan y la dialéctica" (2006), y Slavoj Žižek en la estela del que sigue siendo su libro seminal en este tema: *El sublime objeto de la ideología* (1989). La secuencia se sostiene y contiene en que Jameson y Žižek son "postalthusserianos" en una escena diferente a los postmarxismos de Ernesto Laclau y Alain Badiou. Si bien estos dos últimos son ajenos a la vulgata del postestructuralismo (Laclau por su proyecto de una nueva lógica de lo social en clave discursivo-política, Badiou por su platonismo orientado a disputar a Hegel la propiedad de la dialéctica), dialogan con el psicoanálisis sin un concurso sustantivo de la tradición marxista *tal como es aquí reinterpretada*. Admito que, a primera vista, esta afirmación requiere matices en Badiou, imposibles de desarrollar aquí. Finalmente, Jameson y Žižek comparten una perspectiva similar en el retorno al nexo entre marxismo y psicoanálisis, a pesar de los énfasis del primero en la aproximación literaria y del segundo en la filosófica y cinematográfica: en ambos, la clave reside en rediscutir la dialéctica hegeliana después de Lacan para recomponer la crítica de la totalidad. Pero es necesario retroceder hasta Althusser.

La mutación operada en el freudismo por Lacan y el tendido de un puente hacia el marxismo estructuralista ya están plenamente identificados en el artículo de 1964 intitulado "Freud y Lacan". En él, Althusser reconoce la originalidad lacaniana en su instanciación de la "cadena significante":

> Lacan mostró que esta transición de la existencia [a lo sumo]
> puramente biológica a la existencia humana [hijo de hombre]
> se llevaba a cabo bajo la Ley del Orden, que llamaré Ley de la
> Cultura, y que esta Ley del Orden se confundía en su esencia
> *formal* con el orden del lenguaje (1996:39).

Al relativizar la distinción de los planos imaginario
y simbólico, Althusser enfatiza en Lacan la atribución de
primacía al último. De tal manera, la constitución del sujeto
es correlativa a la "estructura de desconocimiento", lo que
remite así a la teoría de la ideología. Este es un movimiento conceptual decisivo para todo el "marxismo lacaniano":
establecer el vínculo entre inconsciente e ideología. Ahora
bien, la primacía de lo simbólico en Althusser no es exactamente la misma que en Lacan. La pugna althusseriana
con el humanismo vigente en el seno teórico-político del
movimiento comunista lo conduce a neutralizar cualquier
promesa de liberación del sujeto como retorno a una experiencia malograda por la violencia de la "Ley de Cultura".

Una consecuencia conceptual es que simbólico e imaginario —en el afán de cancelar cualquier resabio humanista— se confunden en un solo plano equivalente a la incorporación ideológica. Cinco años más tarde, en "Ideología y
aparatos ideológicos del Estado", Althusser provee un desarrollo del nexo entre desconocimiento e ideología a través
de su noción de interpelación.

Quisiera demorarme todavía en "Freud y Lacan" para
recordar dos preguntas que, además de las epistemológicas
adivinables desde la concepción althusseriana de la "lectura
sintomática", dirige al lacanismo: "¿qué relaciones existen
entre la teoría analítica y 1) sus condiciones de aparición
histórica por una parte; 2) sus condiciones sociales de aplicación por la otra?" (1996: 46). Althusser no está con ello
recurriendo al expediente historicista de definir orígenes
tales como la Viena del 1900 o la pequeña burguesía, sino
la estructura epistemológica en la que la crítica marxista explica mejor que el propio psicoanálisis, incluso en su

versión lacaniana, la fundación ideológica del sujeto. El esquema de elucidación a través de una cartografía epistemológica nunca publicada en vida de Althusser y aparecida póstumamente en las "Tres notas sobre la teoría de los discursos" (1966, reproducido en Althusser, 1996). Esos esbozos deben ser interpretados en el contexto de la rutilante emergencia de los *Escritos* lacanianos en 1966. No se me escapan los aspectos institucionales o las competencias intelectuales del desacuerdo pero estimo que, incluso con ese ruido, se oye una auténtica divergencia teórica.

Allí Althusser afirma que nociones decisivas del vocabulario lacaniano deben ser inscriptas en la teoría marxista de la ideología para alcanzar inteligibilidad. Escribe lo siguiente:

> me parece que *no podemos servirnos de la noción del sujeto de manera unívoca*, ni siquiera como indicio para cada uno de los discursos. En mi opinión, la noción de sujeto compete cada vez más sólo al discurso *ideológico*, del que es constitutivo. No creo que se pueda hablar del 'sujeto de la ciencia' o del 'sujeto del inconsciente', sin un juego de palabras y sin acarrear graves equívocos teóricos" (1996:141).

La intuición de Althusser es que mientras Lacan realiza una proeza conceptual al definir la eficacia de la cadena significante (S1 y S2), esclarece inadecuadamente, por su exterioridad a la teoría marxista, la subordinación de la "teoría del significante" a la teoría del "materialismo histórico", es decir, a la teoría de las formaciones sociales como totalidades desiguales de acuerdo a su articulación de una dialéctica no hegeliana. La teoría del significante y la del materialismo histórico son, prosigue el razonamiento althusseriano, las dos grandes teorías generales (TG) sobre las que se asientan las "teorías regionales" (TR). El psicoanálisis y la lingüística son dos teorías regionales subordinadas a la teoría general del significante. Esto es lo que Lacan descubre con rigor conceptual respecto de algunas inconsistencias freudianas, pero no logra desarrollar plenamente en materia teórica. La "tentación" de Lacan y sus discípulos es considerar a la TR de la lingüística como la TG del psicoanálisis (1996:130). De tal manera, Althusser le reprocha no solo dejar de lado la auténtica TG (del significante), sino también la otra TG (la del materialismo histórico).

Entonces, a pesar de las conquistas conceptuales de Lacan en su esclarecimiento de Freud, la relación entre marxismo y psicoanálisis en Althusser no deja de ser de exterioridad entre dos continentes teóricos con sus respectivos correlatos prácticos (que desde luego no son sus principios de inteligibilidad); por un lado, la lucha de clases y por otro lado, la clínica. Hallamos un *dualismo teórico* entre marxismo y psicoanálisis que la aproximación althusseriana se niega a problematizar a riesgo de caer en un sustancialismo "hegeliano". Los trabajos de Jameson y Žižek se preservan en esta línea de discusión, aunque la resuelven oponiéndose por el vértice a la "dialéctica materialista" althusseriana: retornando a un Hegel marxista-lacaniano. Por supuesto, la pregunta al respecto es si puede construirse un puente conceptual sólido entre la dialéctica de la totalidad fallida y lo inconsciente freudiano.

Jameson ha sido coherente en el posicionamiento del vínculo entre marxismo y psicoanálisis en el terreno de la crítica literaria. Pero esa crítica no se contiene en el ámbito de la literatura pues justamente su formulación marxista, en la medida en que plantea la faceta ideológica, refiere a lo social e histórico. El acercamiento jamesoniano entre psicoanálisis y marxismo comienza en "Imaginario y simbólico en Lacan" problematizando la dificultad de la crítica literaria psicoanalítica para vincular la dimensión "interna" de sus interpretaciones textuales con la dimensión social. Esta dimensión no es meramente exterior, pues está impuesta en el hecho mismo del lenguaje. Incluso antes de introducir la institución literaria como fenómeno social, el lenguaje impone la instancia social en que los acontecimientos "arcaicos" o "inconscientes" se encuentran inscriptos (Jameson, 1977: 77). Una síntesis del enfoque jamesoniano debe partir de afirmar el proyecto de operacionalizar el psicoanálisis teórico como partícipe "dialéctico" de una crítica literaria materialista. Esta adquiere un perfil específico con la noción de ideología. En Jameson, esa noción está alejada de la vetusta figura de una "falsa conciencia". Su clave perdurable es la de ser la contraparte de un rasgo utópico: entre esos términos, el crítico marxista construye una lectura dialéctica del psicoanálisis. Del mismo modo, la mencionada operacionalización del psicoanálisis en la crítica literaria renuncia a remitir el enigma de una obra a, digamos, los intríngulis edípicos de un autor en el intramuros de sus textos. En cambio, se trata de analizar cómo los materiales privados se transforman en públicos a través de la escritura. Siguiendo a Durkheim, Jameson sostiene que explicar un fenómeno social por un fenómeno psicológico-individual es seguramente erróneo. Es al respecto que introduce la distinción lacaniana entre lo simbólico, lo imaginario y lo real.

Tanto en "El creador literario y el fantaseo" como en *El chiste y su relación con lo inconsciente*, Freud apela a una conexión entre la búsqueda de una satisfacción del deseo y la mutación representacional involucrada por el pasaje a lo "consciente" de su verbalización. Es también el mecanismo presente en *La interpretación de los sueños*. Solo que en todos los casos la concepción de la verbalización alcanza una dimensión social, no solo individual como suele ocurrir en cierta crítica literaria "freudiana".

La superposición entre lo preverbal o íntimo de lo imaginario y el tipo de alienación lingüística y socialmente mediada de lo simbólico caracteriza a la relectura lacaniana de Freud y la torna útil para una doble tarea que excede al propio campo de la clínica *psi*: la crítica literaria materialista y la crítica marxista de la sociedad. Una de las descripciones lacanianas de lo inconsciente, "el discurso del Otro", remite entonces al lenguaje y las relaciones sociales con las que se vincula de una manera inestable: he allí la conexión y la diferencia entre los tres registros. La alienación en lo simbólico es entonces el acceso material del sujeto al mundo social, que no es un momento segundo y evolutivo respecto de la especularidad que rige a lo imaginario.

No es azaroso que Jameson considere la centralidad del seminario sobre *La carta robada*, donde Lacan sostiene que "un lenguaje formal determina al sujeto". En respuesta a la lectura derridiana del texto lacaniano, Jameson introduce el tercer registro, el de lo real. Es sabido que la definición provista en el *Seminario I* es enigmática, pues es "lo que resiste a la simbolización absolutamente". Según Jameson, lo real "es simplemente la Historia como tal" (1977: 107), siempre que se entienda por ello la historia del sujeto. La interrogación es cómo se vincula este materialismo con el propuesto por Marx, asumiendo que psicoanálisis y marxismo son materialistas en la medida en que no son filosofías de la conciencia: la sexualidad y la dinámica de clases son incompatibles con la reducción conciencialista (1977: 108). Se trata de dos "sistemas" con "sorprendentes analogías" que requieren sendas "hermenéuticas". Las narrativas del sujeto de lo inconsciente o de las luchas de clases poseen la particularidad común de un acercamiento asintótico respecto de lo real, pues se trata de una historia de alienación. He allí el elemento utópico, imposible. En el caso de la crítica literaria iluminada por el psicoanálisis y el marxismo, entonces, no se plantea una coincidencia con lo real ni una domesticación del mismo en términos de un textualismo que descarta los referentes del discurso, sino el estudio de los límites de los significados textuales y sus precondiciones históricas.

Jameson prolonga su perspectiva en el primer estudio metodológico de *El inconsciente político* (1981). Su propuesta se puede sintetizar como una relectura del método estructural de Lucien Goldmann en *El dios oculto*, pero complejizado por la dialéctica estructural y la causalidad correspondiente sostenidas en el periodo althusseriano clásico. Retoma entonces la vocación de una "filosofía materialista del lenguaje" y la interlocución con Lacan. Para ello considera imprescindible recuperar la dialéctica y, en verdad,

Jameson hace dialogar el althusserianismo con los mar-xismos de Lukács y Sartre. Ese diálogo a primera vista implausible no es a mi juicio arbitrario pues el problema del análisis dialéctico está presente en los tres filósofos, aunque sea arduo de compartir la conexión entre la spinoziana "causa ausente" de la totalidad althusseriana con la fusión sujeto/objeto de la práctica revolucionaria del proletariado en Lukács. La crítica materialista en Jameson posee tres fases correspondientes a los registros lacanianos: el análisis del texto como tal, el estudio de ese texto en los diferentes discursos colectivos de clase (y por lo tanto, de sus ideologemas), la inscripción en la secuencia de largo plazo de la sucesión de modos de producción.

Por último, en el fragmento "Lacan y la dialéctica", Jameson (2006) construye una reinterpretación a la luz de la importancia de la ausencia, por ejemplo en el fundamento del falo como significante privilegiado. Más que la repetición, la huella de una dialéctica en Lacan es rastreable en la carencia de registro sartreano. Una dialéctica de la falta caracteriza a la renuncia lacaniana a una hiperlogicización especulativa o intralingüística: "no hay metalenguaje". Jameson emplea esa posición para referir a la incompatibilidad entre marxismo y psicoanálisis, una "inconmensurabilidad" que no es una oposición. Más bien revela una "inconmensurabilidad más profunda en el mismo mundo social" (2006:376). ¿Cómo es entonces posible un diálogo?

Jameson desarrolla el tema a la luz de la crítica butleriana de la fusión lacaniana entre lo estructural y, por ende, trascendental de lo simbólico y la historicidad de lo social. Al realizar esa ecuación impropia, el psicoanálisis lacaniano deviene antipolítico y conservador (Butler, 2000; Jameson, 2006: 385). Pero esa crítica hipersimboliza a Lacan y neutraliza la dialéctica, que como ya he dicho remite a la tensión irresoluble de la "inconmensurabilidad". Jameson define a la dialéctica hegelo-lacaniana como "una clase atormentada de lenguaje que trata de registrar inconmensurabilidades sin implicar alguna solución para ellas mediante una solución simplista, o el allanamiento de tal o cual código filosófico" (2006: 376). De acuerdo a Jameson, la interrelación nunca del todo sintetizable de los tres registros anula la paz especulativa de una totalidad entrelazada por metáforas y metonimias. Entiende que la alegoría habilita el pasaje inconmensurable, y por ende dialéctico, a lo social con secuelas utópicas.

La lectura de Lacan en Jameson provee una conexión con el marxismo a través de una cierta recepción de la dialéctica hegeliana. ¿Pero acaso no es el de Lacan un sistema, una teoría del sujeto que lo confina a la simbolización fallida y a la repetición? Para Jameson, las objeciones antidialécticas según las cuales la repetición obstaculiza cualquier "superación" en un nivel superior, remite a la obra de Deleuze. En el propio Lacan, ese momento antidialéctico parece emerger con la "no relación sexual" y el goce femenino. Jameson apela entonces a la revisión hegeliana del *límite* kantiano (el que impone la incognoscibilidad última del noúmeno). Una restricción de la dialéctica en Lacan amenaza con instalarse en dos terrenos. Uno es el del significante y su ausencia constitutiva, como ocurre con el falo. El segundo es la no relación sexual. Según la respuesta hegeliana, Jameson asiente que en cuanto reconocemos un límite estamos más allá de él, por lo que la clave habilitada por el psicoanálisis para la emergencia de un sujeto que incorpore la falta pero involucre un potencial utópico —esto es, no dado por la estructura ni eliminado por ella— es la reflexividad. Justamente, las formalizaciones lacanianas para Jameson son siempre excedentarias de sí mismas. Las ecuaciones y grafos son dialécticas, pues pueden ser leídas de diversas maneras y "dramatizan" las relaciones entre sus términos en lugar de establecerlas como fijas. Hasta aquí llegan las formulaciones jamesonianas en espera de la prometida publicación de su *Lacan* (Verso, 2019).

El proyecto žižekiano de una recomposición del nexo entre psicoanálisis y marxismo se ordena alrededor de una prolongada discusión con su mayor antagonista en la teoría crítica: Jürgen Habermas. Contra Habermas, el psicoanálisis como "antihermenéutica" (para emplear una formulación de Jean Laplanche) se hace materialista y dialéctico al revelar la compostura inacabada del orden simbólico.

Como ya he dicho, en *El sublime objeto de la ideología* Žižek recuerda la frase lacaniana según la cual fue Marx quien inventó la noción de síntoma. "La respuesta es que hay una homología fundamental entre el procedimiento de interpretación de Marx y de Freud. Para decirlo con mayor precisión, entre sus análisis respectivos de la mercancía y de los sueños" (1989: 35). Lo que ambos habrían revelado es que la clave reside no en una sustancia velada (el valor coagulado en la mercancía, el deseo enmascarado o "pensamiento latente" en el sueño), sino la *forma* adoptada. Por un lado, la forma-mercancía; por otro, la forma-síntoma cuyo modelo ejemplar es el sueño. Žižek introduce una referencia central al citar a Alfred Sohn-Rethel y su concepción de la epistemología kantiana como producto de la abstracción histórica generada por la generalización de la circulación mercantil. En otras palabras, que la abstracción del sujeto trascendental no es trascendental: remite a la forma mercancía históricamente característica de la sociedad burguesa. Por desgracia, en textos posteriores, la intuición de Sohn-Rethel deja de tener presencia en los análisis del pensador esloveno.

En un texto polémico, Ernesto Laclau señala en Žižek la coexistencia de un sofisticado análisis lacaniano con un marxismo tradicional insuficientemente deconstruido (Laclau en Butler, Laclau y Žižek, 2000: 205). A ello, Žižek replica que esa deconstrucción se halla precisamente en el lacanismo. Nos encontramos, entonces, con una inversión del movimiento teórico de Althusser. Para utilizar una imagen benjaminiana, si el marxismo puede volver a triunfar es porque un enano lacaniano en su interior le hace mover las piezas adecuadas del ajedrez de la teoría.

Lo sintomático de su lógica resultante en la viabilidad de una "crítica de la ideología" es que la universalidad de las abstracciones en la sociedad capitalista descansa en una ruptura heterogénea, en una exclusión que así constituye la "realidad" en un campo ideológico. En este campo en que las relaciones sociales se manifiestan como "relaciones entre cosas", y ya no como las relaciones entre personas predominantes en los tiempos feudales (1989: 52-53) o, podría agregarse, coloniales. En la sociedad burguesa, los individuos saben perfectamente que las mercancías no se mueven a sí mismas, pero actúan como si eso ocurriera. La eficacia de la ideología no reside entonces en una carencia de saber, sino en que incluso sabiéndolo los sujetos actúan ateniéndose al *como si*. La ideología es una "fantasía ideológica" que constituye la realidad como si esta fuera continua, no fallida, desplazando entonces su carácter incompleto y anulando su núcleo traumático cuya exclusión es imprescindible. Se observa la distancia con el freudomarxismo: la "castración simbólica" no malogra al sujeto, sino que lo hace posible. En otro texto, *Porque no saben lo que hacen*, de 1991, el filósofo esloveno subraya el mandato de gozar en el sujeto de la ley. Hay un goce en el fetichismo mercantil, una fantasía social y pública que procura satisfacción. Su forma transaccional material es el síntoma.

El síntoma no es un desajuste funcional. Es el modo de emergencia del sujeto producido en los procesos identificatorios fallidos ante un otro sin Otro, ante el carácter vulnerable de los significantes decisivos, incluido el patético significante fálico. El síntoma es parasitado por fantasías, y no siempre esas fantasías son deconstruibles. Son en todo caso atravesables, como propone la *elaboración* freudiana. El sujeto puede identificarse con sus síntomas para desplazarse en la relación con ellos, pues bordean el vacío inelimínable del ser. Este consiste en la cobertura de una "nada" de la que un significante sustrae al sujeto representándolo para otro significante. ¿Cómo adviene la homología con la lógica capitalista?

La mercancía no es solo la realización del valor en el mercado. Contiene un secreto, un excedente, el plusvalor. Ese incremento de valor es lo que mueve a la producción de más-valor. En el *plus de goce* del psicoanálisis lacaniano tardío se genera una lógica similar. Lejos de constituir una operación sociológica de inscripción del sujeto en el orden social, la costura de identificaciones en las que el sujeto es capturado como deseante, extravía un residuo, una x o una a, el objeto causa de deseo. El saldo enigmático no es el objeto de deseo. Es su causa inhallable, una insistencia, una repetición. Su lógica decisiva es entonces la de la repetición como tal. Repetición y pulsión de muerte, presuponen la abstracción en el campo pulsional. Es generada por la eficacia abstractiva que acompaña a las dimensiones comunicativas y poéticas del lenguaje.

A partir de allí, se introduce la discusión sobre lo real y el goce característicos de buena parte de los escritos žižekianos hasta hoy. Lo que queda sin elaborar, también hasta hoy, es el alcance de la "homología" entre el análisis de la mercancía y el análisis del sueño. Algunos autores de la escuela de Žižek han rotado el sistema conceptual para pasar de la metáfora a la metonimia (Tomšič, 2015), conservando la dificultad. Como en Althusser, pero también en Reich y Marcuse, aunque ciertamente sin ser ya afectados por la crítica foucaultiana de la hipótesis represiva, marxismo y psicoanálisis pertenecen a dos cuerpos teóricos paralelos.

Es preciso destacar que si el Lacan de Althusser es específicamente simbólico (lo imaginario es subordinado), el de Jameson es simbólico e imaginario (lo real es el escenario de la Historia), el de Žižek se organiza alrededor de lo real, de la imposibilidad de un sujeto plenamente interpelado, sin residuos. El filósofo esloveno propone entonces eludir, para comprender a Lacan, la encerrona entre estructuralismo y postestructuralismo. Así las cosas, ni la determinación funcionalista ni la deriva pura en multiplicidades inorgánicas. Lacan sería, como en Jameson, un dialéctico cabal cuya lógica se organiza imperfectamente —al respecto, es capital la deuda con una intuición de Ernesto Laclau— en las inmediaciones de un centro vacío, imposible e inevitable: la "roca dura" de la castración. Sin embargo, esa línea deductiva no ha sido desarrollada por Žižek. Permanece como hipótesis en la ya mencionada relación de homología entre plusvalor y plus-de-goce derivada del síntoma.

¿Es posible captar en el interior del marxismo žižekiano la singularidad histórico-lógica de lo que he denominado la abstracción social? Žižek intenta hacerlo en un giro argumentativo a propósito de la interrogación sobre si la epistemología althusseriana tal como es planteada en *Lire Le capital* es adecuada para dar cuenta del concepto de "abstracción real" según Sohn-Rethel. Su respuesta es negativa pues no hay nexo posible entre lo que Althusser distingue como el objeto real y el objeto de conocimiento. Según Žižek, esa tarea solo puede ser efectuada si se introduce un tercer elemento para el cual los otros dos son incorporados en una matriz más compleja, función que define lacanianamente como un "orden simbólico".

Puede decirse que la crisis del marxismo freudiano o el freudianismo marxista —justificada por su asimilación mecánica o por su paralelismo— no se ha visto exitosamente superada en el marxismo lacaniano. He mostrado que tanto la afirmación de una primacía de la teoría estructural del cambio transhistórico (Althusser) como la relación metafórica (Žižek) preservan incólume el problema de la *y* en sus ensayos de repensar el tema de psicoanálisis *y* marxismo. El trabajo aquí propuesto avanza una explicación del vínculo interno, tanto conceptual como histórico, entre la alienación en psicoanálisis y la alienación en la crítica del capital. La alienación refiere conceptualmente a la primacía de lo otro (que podría denominarse también como la objetividad) sobre lo propio (o también la subjetividad instituida como una intersubjetividad no subsumible en el paradigma habermasiano de la comunicación). La pregunta común es: ¿cómo es posible un margen de autonomía en un sujeto siempre-ya heterónomo? Debo decir que, así formulada, la pregunta está presente en la obra última žiže-kiana. En textos recientes orientados a la recomposición del "materialismo dialéctico", Žižek procede a una discusión con Marx, Hegel, Lacan y Freud. Se entiende entonces que el elemento crucial sea la interpretación žižekiana de Hegel, que naturalmente aquí solo puede ser sintetizada.

Tres libros son decisivos en la recomposición hegelo-lacaniana del marxismo (Žižek, 2006, 2012, 2014). Žižek ha discutido desde los años ochenta la lectura kojèviana de Hegel, es decir, la tesis de una sutura especulativa de la historia. Por el contrario, y allí descansa su defensa de la dialéctica, la historia permanece abierta a refiguraciones retroactivas —según la causalidad lacaniana— porque toda aventura de la subjetividad consolidada en una relación especular se encuentra devastada, a la vez que posibilitada, por la lógica triádica de Lacan. El "último" Lacan no es, en tal sentido, sino una radicalización del "materialismo dialéctico" actuante en el discurso de Roma. Como Jameson, Žižek toma distancia de la crítica derridiana de Lacoue-Labarthe y Nancy cuando estos, al leer el seminario sobre "La carta robada", neutralizan la contingencia de la pluralidad de la letra (o carta, *lettre*). Sigue una indicación de Guy Le Gaufey respecto a un desplazamiento en Lacan del juicio negativo "No hay relación sexual" al juicio transfinito "Hay no-relación sexual" relativo a un objeto definitivamente desplazado del binarismo del vínculo negativo, que ahora se constituye en la ausencia o en exceso de sí mismo.

El marxismo en Žižek remite a esa terceridad dialéctica que habilita un absoluto abierto. Así las cosas, la lucha de clases no descansa en una relación diádica burguesía-proletariado, sino en la relación hegemónica que abre el juego de lo posible. Es decir, que la lucha de clases se "realiza" cuando ella misma se dinamiza en la disputa por una representación dirimida en una nueva universalidad. La dialéctica hegeliana es rehabilitada con la condición de asumir un Real lacaniano, el que lejos de ser un reducto externo a lo simbólico y lo imaginario, como si fuera una

Cosa-sustancia, se encuentra anudado con esos registros. La dificultad central reside en que esa dialéctica corre en paralelo a la "lucha de clases" y se organiza en una relación sincrónica. Por cierto, hay un correlato práctico en esa dificultad. La acción transformadora adviene como Acto, versión político-revolucionaria del tercero de los "tiempos lógicos" lacanianos (Lacan, 1945) en que Žižek coincide con Badiou.

Reconstituir el problema

En lo siguiente, estudiaré la eficacia subjetivante de la subordinación de los individuos y grupos al carácter social del lenguaje como proceso inconsciente. Es al respecto decisivo calibrar qué hay en ello de transhistórico y qué hay de históricamente delimitado. La corporalidad humana —a la que conviene no escindir del pensamiento— es radicalmente modificada *en* la sociedad capitalista debido al acaecimiento de una escisión real y epistemológica entre sujeto y objeto, expresión tridimensional del trabajo asalariado, la individualización "psíquica" y el fetichismo de la mercancía. Es la hipótesis de trabajo que habilita una indagación común, y ya no solo metafórica (sustitución) o metonímica (contigüidad), entre marxismo y psicoanálisis.

Es en este preciso lugar donde recupera su importancia la "eficacia simbólica" en el plano de la subjetividad, fundada, a la vez que sitiada, por lo inconsciente descubierto por Freud. Sin embargo, las condiciones históricas de producción del psicoanálisis —esto es, como terapéutica individual— inhiben la viabilidad de conceptualizar una correspondencia profunda entre generación del sujeto individual escindido y generación de un sujeto social alienado. Fue en esa precisa delimitación que el psicoanálisis permanece "burgués", y cuyas cadenas ideológicas un uso inadecuado del marxismo fue incapaz de quebrantar. Para reproponer

esa tarea es conveniente regresar a una teorización fundamental, desandar tanto el materialismo histórico en que se
devalúa el marxismo como la contracción terapéutica del
psicoanálisis. Para advertir la naturaleza de la investigación,
se impone restituir la materialidad al lenguaje confinado
por el marxismo vulgar en el cielo de la "superestructura".

En la medida en que se desarrolla históricamente, la
facultad práctica del lenguaje refracta el carácter alienado
de lo social en formaciones histórico-sociales precedentes
a la producción capitalista. Sin embargo, tanto la alienación como lo social son diferentes a lo que descubrimos
en la sociedad del capital. Para investigar esa diferencia
se requiere construir una nueva teoría de la historia cuyo
concepto nuclear es el de abstracción. La oposición a establecer un corte radical con las temporalidades históricas de
larga duración no deriva en la mera continuidad de una
secuencia evolutiva.

El hecho de una hipertrofia de la abstracción característico de la sociedad capitalista ilumina el que en otras formaciones sociales también operan fuerzas de abstracción, si
bien más restringidas y tendentes a la estabilidad. Mi propuesta básica es que el estudio del proceso de abstracción
—cuyas tres formas esenciales son la simbólica, la social y la
intelectual— requiere una teoría general de la historia como
aspecto de la teoría crítica.

Es decisivo subrayar que tal teoría no podría emerger
sino de una proyección unilateral de las tendencias globa-
lizantes de la sociedad capitalista avanzada. Allí reside lo
verdadero en el erróneo materialismo histórico del marxismo vulgar: para la correcta comprensión del proceso
moderno de abstracción dialéctico-social es imprescindible una teoría de las abstracciones en diferentes formas y
duraciones, algunas de las cuales exceden los todavía breves
tiempos de la sociedad capitalista. Esa teoría tiene una latitud transhistórica que, sin ser marxista, no puede prescindir
de una reconstrucción del marxismo como teoría crítica.
¿Por qué? Porque, además de la abstracción social del valor

generado por la desparticularización de la "fuerza de trabajo" (y sus productos: la mercancía, el dinero, el capital), hallamos otras lógicas de abstracción. Entre ellas, una central para la empresa psicoanalítica, aunque por cierto no únicamente para el descubrimiento freudiano: el lenguaje como matriz de intersubjetividad gramaticalmente objetiva. Lacan, en una de sus numerosas intuiciones, concibe esa matriz en términos de un "tercero" siempre presente en la ilusión de las relaciones imaginarias o binarias.

Ya en las primeras organizaciones sociales complejas, la emergencia del lenguaje instituye la frontera entre la naturaleza como repetición y la separación parcial del ser humano de lo natural a través de la formación de sistemas simbólicos. Ello ocurre mientras todavía la caza y la recolección son los medios principales de obtención de recursos. El uso del lenguaje no refleja el mundo (en realidad nunca hace solo eso, como destaca Lévi-Strauss en *El pensamiento salvaje*). También participa en los modos de distribución de los cuerpos, en la definición de lo que hoy denominamos el paisaje circundante, en la institución de linajes y jerarquías. Pero si en el ámbito lingüístico la estructuración gramatical avanza con extraordinaria celeridad, en otras dimensiones de la vida colectiva los vínculos no obedecen a una abstracción dialéctica. El que no alcancen el estatus de relaciones sociales explica el carácter irresoluble de los conflictos, saldables en última instancia por la violencia. Esto se puede observar en el célebre dilema de la Antígona de Sófocles, en el que la colisión entre dos legalidades verifica el encuentro no mediado entre dos universalidades de grados diferentes, el de la *polis* y el de la filiación.

Los cambios históricos en la complejización objetiva y en el surgimiento de la dominación de unos grupos sobre otros imprimen nuevos rasgos a la eficacia subjetivante del lenguaje. Esa subjetivación no debe ser confundida con procesos concretamente modernos como la individualización yoica, la vivencia errónea de un inconsciente *interno* y la sexualidad íntima. Se vincula más bien con procesos no dialécticos de división del trabajo, diferenciación social e incipientes relaciones de dominación personales. Un buen ejemplo es el provisto por Pierre Clastres en *La sociedad contra el Estado*, pues la transmisión del "poder" y las peripecias de su reproducción no son orgánicas. Aunque es posible reconocer presiones estructurales y normas, la circulación del poder no es propiamente social.

La explicación que elaboro sobre la innovación de la modernidad no es evolutiva. No opero con la premisa de que la experiencia moderna resulta de un previo proceso histórico acumulativo y cuya fenomenología es suficiente para exponer la ruptura involucrada en el nacimiento de la subjetividad. Un desafío teórico central consiste en construir una conceptualización que vincule la elucidación de diferencias históricas como una pregunta formulable desde las categorías generadas por la vida social moderna y que, sin embargo, no se atenga solo a la cronología moderna. O mejor, a lo que aparece como un tiempo único y universal. ¿Por qué acaece la diferencia entre grados tan divergentes de abstracción y alienación si las organizaciones sociales no capitalistas están lejos de ser formaciones naturales, o relacionalmente directas, si poseen sus regulaciones, si contienen relaciones sociales con grados desiguales de objetividad?

El pasaje es inadecuadamente explicado por las tradiciones sociológicas clásicas. La oposición comunidad/sociedad instaura un esquema excesivamente dicotómico para esclarecer el itinerario —retomando nociones tönniesianas y durkheimianas— de una configuración "mecánica" a otra "orgánica", y de un uso natural a otro artificial del lenguaje. Allí naufragan en el marxismo las interpretaciones románticas del lenguaje, de Lukács a Benjamin, para quienes un vaciamiento traumático acontece en la alta modernidad capitalista. Algo similar puede decirse del lamento heideggeriano contra "la época de la imagen del mundo". Ese fracaso obedece a que, a la vez que así pierden de vista las posibilidades abiertas por la abstracción del lenguaje en la sociedad burguesa avanzada, adscriben una imaginaria correspondencia con lo real al lenguaje precapitalista, en el que no perciben sus procesos abstractivos intelectuales y simbólicos.

Las gramáticas lingüísticas erigen vertiginosamente una sistematicidad desconocida en otros planos de la experiencia, lo que se demuestra por la traducibilidad entre lenguajes utilizados en organizaciones sociales de muy distinta lógica de estructuración. El lenguaje, además de obedecer a una formalización que no sigue ritmos cronológicos acumulativos, posee una universalidad inhallable en otros aspectos, ajenos a las operaciones de institución lingüística (verbigracia, las estructuras de parentesco de las que no es, desde luego, extraña). Su importancia es tal que sugiere un razonamiento inverso: hay "humanidad" en la exacta medida en que hay traducibilidad entre las lenguas particulares, partícipes de la facultad de lenguaje.

Solo en la sociedad capitalista, el lenguaje se inscribe en una lógica social reificada gobernada objetivamente por la dinámica automática de la reproducción ampliada del capital. La sociedad-del-capital reconstituye la primacía del orden del significante como materialidad semiótica de una dominación social alienada. Kant observa en el "uso público de la razón" sus vertientes emancipatorias, sin considerar las imposiciones sobre los usos particulares inasimilables a la universalidad. Jürgen Habermas y Ernesto Laclau, a pesar de sus contrapuestos marcos teóricos, conceptualizan tales imposiciones. Mas, en una declinación "postmarxista", imaginan domesticarlas con la "razón comunicativa" o con la "razón populista" sin necesidad de revolución social alguna. No es por azar que el uso del psicoanálisis en ambos sea conciencialista. En Habermas, al adaptarlo a un ideario iluminista. En Laclau, al someterlo a la estrategia de constitución política del "pueblo" a partir de múltiples demandas democráticas.

Retomo una formulación lacaniana para subvertirla. Es que si el sujeto del psicoanálisis es el "sujeto de la ciencia" (Lacan, 1966: 858), es porque su calculabilidad procede de la abstracción fantasmagórica capitalista. Y de las coyunturas revolucionarias que la acompañan. El paradigma de la "ciencia" deviene con la Revolución Industrial un instrumento de la autovalorización del capital. De tal manera, inconsciente y fetichismo del capital son dos formaciones históricamente afines, aunque conceptualmente diferenciables en sus condiciones y efectos. Diversos tiempos históricos convergen en una reconceptualización del vínculo entre marxismo y psicoanálisis, ya no supeditado a la teoría hidráulica de la libido (fundamento de la hipótesis represiva), a la primacía de la economía ni a las teorías transhistóricas del lenguaje. El lazo entre marxismo y psicoanálisis encuentra un recomienzo reflexivo en la crítica del capital y de la subjetividad mercantilizada.

El encuadre sistémico de ese lazo no es sencillamente historicista por cuanto está lejos de resultar de un proceso objetivo necesario. Sin embargo, hay un nexo cierto entre, por un lado, la emergencia de la individualidad y, por otro lado, el trabajo asalariado y la organización sexual en la división social del trabajo. Con el individuo capaz de sobrevivir sin necesidad de inscripción en un vínculo familiar o comunitario, se despliegan nuevas posibilidades de autopresentación, reconocimiento, sexualidad y consumo. La generalización del valor como lazo social establece una partición en las prácticas entre la dimensión mercantil de la producción/circulación (históricamente soldada con la masculinidad, la violencia, lo público y la racionalidad instrumental) y la dimensión privada de la reproducción (identificada con la feminidad, el amor, lo privado y la racionalidad afectiva).

A propósito de lo recién formulado, me refiero ahora a dos aspectos no plenamente dialectizables de esa convergencia sin fusión, aunque no por ello ajenos al orden del capital: el patriarcado y el monoteísmo. Marxismo y psicoanálisis, o más bien Marx y Freud, aluden a la afinidad de sus objetos de análisis con ambos temas. Marx los señala al pasar, en alusiones veloces o en notas a pie de página. Freud dedica al tema paternal y al monoteísmo una atención más sistemática.

Comienzo tematizando la dominación de larga duración del patriarcado. Si bien es cierto que la figura paterna es ella misma histórica, la dominación masculina sostenida en la efectividad simbólica del padre posee un alcance transhistórico (no ahistórico, pues su estructuralidad se constituye en lo fáctico y puede cesar). Dicho de otro modo, la historización de la figura paterna-masculina y sus alcances, de acuerdo con la complejidad exigida por la historiografía, coexiste con la persistencia a lo largo de milenios y diversas culturas de la subordinación del "segundo sexo" (Simone de Beauvoir).

Me permito hacer una breve digresión a propósito de lo recién señalado. Este ensayo debería incorporar, para ser completo, los aportes de las versiones críticas de la teoría feminista. Razones materiales imposibilitan esa interlocución que necesariamente requeriría de conjunto una extensión mucho mayor que la del recorte elegido, pues hay tensiones cruciales del feminismo con la crítica dialéctica del capital y con el psicoanálisis. Las razones expuestas adolecen de otra ausencia intolerable: la dimensión étnico-racial que interactúa con los temas tratados. Ahora bien, estimo que también respecto del sujeto-de-raza y el racismo, la abstracción social prevaleciente en la sociedad capitalista es decisiva. Se ha dicho: "El sujeto de raza —y, en consecuencia, el nacimiento del negro [y sin duda de todas las 'razas']— está vinculado a la historia del capitalismo" (Mbembe, 2016: 315). La universalidad de la humanidad se constituye a la vez como identidad de la misma con el varón blanco y racional, generando exclusiones para sus "otros", las "razas" inferiorizadas, redimidas, esclavizadas o modernizadas. La abstracción posibilita la igualdad de los "hombres blancos", pero también autoriza la impugnación de la opresión racista en la exigencia de una universalidad más amplia. Regreso ahora a la cuestión patriarcal.

El tiempo del capital incorpora y matriza la temporalidad de *longue durée* del patriarcado, y consigue adecuarla a la reproducción ampliada del valor-que-se-valoriza a través de diversos dispositivos, el más importante de los cuales —en lo concerniente a este tema específico— es la utilización de los cuerpos y pensamientos femeninos en la reproducción de la fuerza laboral y el trabajo doméstico. Sin embargo, el tiempo largo del patriarcado no coincide sin rebordes con el tiempo de la valorización capitalista. Tanto porque lo precede como porque, según se ha visto a lo largo del siglo XX en formaciones sociales que se quisieron post-capitalistas, puede persistir en lógicas sobredeterminadas por el Estado. Me refiero a la perduración del patriarcado en los llamados "socialismos reales" burocráticos. La crítica teórica y práctica del capital concierne solo parcialmente a la crítica de la dominación masculino-patriarcal y sus derivaciones heterocentristas. Por tal motivo, el marxismo es hoy tan necesario como insuficiente.

Freud se aproxima a la concepción de la eficacia sedimentada de tal dominación patriarcal y su relevancia para la comprensión de lo inconsciente en diversos textos de importancia no siempre percibida, como *Tótem y tabú* y *Moisés y la religión monoteísta*. Al proveer una construcción conjetural sobre los orígenes de la religión y del derecho, esto es, de los marcos simbólicos en que concebida desde hoy se asienta la constitución arbitraria de los cuerpos como sujetos, Freud descubre el soporte patriarcal de lo inconsciente. El surgimiento del monoteísmo, rastreado en sus orígenes hasta el totemismo, es correlativo con lo inconsciente y el patriarcado. Es lo que intenta decir en *Psicología de las masas y análisis del yo* cuando estipula que la identificación primaria siempre es paterna. En el límite de los recursos teóricos disponibles en su época, Freud atina a emplear la "ley

biogenética fundamental" de la ontofilogénesis para explicar por qué en cada recorrido biográfico se reproduce de
manera abreviada el desarrollo cultural de la humanidad.

Esta dimensión del patriarcado posee un carácter abstracto de larga duración. Con matices históricos, involucra la efectividad de normas sociales, incluso si el alcance
"social" (es decir, en una totalidad de partes internamente mediadas) es menos desplegado que lo observable en la
sociedad del capital. Por lo tanto, es dudosa la tesis de que
las relaciones de dominación en sociedades no capitalistas
han sido siempre "directas" o "abiertas". Pues si no opera el
dominio por la abstracción social específica de la sociedad
capitalista, el vínculo del parentesco y la comunidad regulada por el orden patriarcal establece un nexo propiamente
social que, insisto, no alcanza al rango de una mediación
universal tal como acontece con la producción de valor y
el dinero capitalistas. Más precisamente, las normatividades imprimen una opacidad o "racionalidad limitada" a las
prácticas que solo con anacronismo se pueden denominar
sociales en el preciso sentido dialéctico de una mediación
universal.

La capacidad organizadora de la lógica patriarcal es
perceptible en los ordenamientos históricos de la diferencia
sexual a través de las reglas de alianza. Las investigaciones
al respecto han mostrado las mutaciones de los modos de
regular la diferencia sexual, una diferencia generada por la
distribución y recorte de los cuerpos. Esto quiere decir que
no se trata de una clasificación basada en rasgos corporales
remitibles al binarismo macho/hembra, sino de un momento derivado de las operaciones de captura de los cuerpos
en matrices de esquematismo donde se constituyen como
seres sexuados disponibles para el intercambio entre espacios simbólicos (familias, fratrias, etc.). Todo este conjunto
de cuestiones en su efectividad de larga duración, así como
en su crisis en la modernidad, centrales para el psicoanálisis
y para su crítica cuando este naturaliza o universaliza el
carácter histórico de las mismas, es irreductible al tiempo

del capital y revela la complejidad de las temporalidades de lo inconsciente pensadas por Freud con la noción de *Nachträglichkeit* o posterioridad.

Se ha objetado con buenos argumentos la presencia en el psicoanálisis en tanto que tal de una limitación patriarcal y androcéntrica inhibidora de sus capacidades críticas respecto de las incertidumbres erótico-inconscientes del sujeto. Esa limitación universaliza la familia edípica y psicológica de reducida vigencia histórica y naturaliza la razón médica en su primacía epistémica respecto de una presunta incapacidad "femenina" para lidiar con sus pasiones. Es en modo alguno azaroso que la invención freudiana irrumpa en la conversación entre dos médicos, Breuer y Freud, a propósito de la "histeria femenina". No basta al respecto subrayar que el método psicoanalítico nace cuando Emmy von N. reclama que no se la interrumpa y pueda hablar. Es también insuficiente recordar que Freud halla en la feminidad el "continente negro" del psicoanálisis y por ende sus escollos constitutivos para elucidar el "¿qué quiere la mujer?" (*Was will das Weib?*). Los debates sobre el *falo* en Lacan suscitan la misma interrogación. La centralidad atribuida al falo no puede ser disuelta con la indicación de que el falo no es el pene y que, como todo significante carece de garantía, enmascara la vaciedad simbólica del órgano. Este es un problema sin duda esencial de la tesis de este trabajo. Una evaluación de los textos radicales de psicoanalistas mujeres y los modos en que aportan elaboraciones teóricas en debate con las vertientes andro-patriarcales del psicoanálisis —de Sabina Spielrein a Hélène Deutsch, de Julia Kristeva a Luce Irigaray— es de una importancia cardinal.

Mas existe otra objeción al psicoanálisis *qua* psicoanálisis: la de pretender una sutura del sujeto en "un orden", no interesa su condición fallida, que en último análisis remite a una escatología religiosa y más específicamente monoteísta.

El nexo entre inconsciente y monoteísmo traza en Freud una curva replicada en Marx a propósito del "fetichismo" dinerario. Marx adivina un vínculo entre sociedad capitalista y religión monoteísta, entre construcción de los sujetos "iguales" y cristianismo. Como se verá en otro ensayo, el filósofo argentino León Rozitchner es uno de los pocos marxistas que intenta pensar sistemáticamente esa conexión entre lo inconsciente, el capital y el monoteísmo (Rozitchner, 1997). La simbólica monoteísta nos lanza nuevamente a lejanías temporales sin embargo de plena vigencia. En cualquier caso, la investigación encuentra en las historias del lenguaje uno de los documentos más significativos de su empiria. No obstante, esas historias no son homogéneas ni evolutivas. Con la modernidad se produce una crisis de representación lingüística —cuya contracara es la oportunidad de una inmensa riqueza significante y sígnica— donde se sobrepuja, al menos en los tiempos formativos de la sociedad capitalista, el gobierno de los cuerpos.

El lenguaje constituye una invención decisiva en la hominización de las criaturas que conocemos desde los siglos XVI-XVIII como "humanidad". Construcción social, "sin sujeto", el uso del lenguaje es condición de posibilidad de los sujetos y de la intersubjetividad. El lenguaje instituye a la subjetividad como intersubjetividad en la exacta medida en que es un hecho social, irreductible a la conciencia y a la voluntad individual. Es convincente la expresión lacaniana respecto de la homología estructural entre el lenguaje y lo inconsciente. Es posible avanzar en esa tesis y afirmar que si hay lo inconsciente es porque hay lenguaje, lo que no significa que la expresión causal sea sencillamente reversible: no siempre que hay lenguaje operan las formaciones de lo inconsciente freudiano. ¿A qué se debe la irreversibilidad de la fórmula? A que las producciones de lo inconsciente carecen de una substancia específica, según se ha dicho en la concepción romántica del inconsciente. Para Eduard von Hartmann o Carl Gustav Jung, por caso, *el* inconsciente es un reservorio sustantivo de fuerzas, arquetipos o energías. En Freud *lo* inconsciente emerge cuando las "representaciones-cosa" transitan hacia las "representaciones-palabra" y acontece una censura. Ese pasaje no es solo lingüístico. Es el tránsito al universo del lenguaje el que engendra las operaciones de lo inconsciente desplegadas luego en diversos órdenes de representaciones, solo uno de los cuales es el vinculado a las "palabras".

La distinción entre la sustantivación (*el*) y la condición (*lo*) es definitiva porque la primera constituye al inconsciente en un ente, mientras que la segunda pone de manifiesto el relieve de su forma. *El* inconsciente se confunde con la noción freudiana de ello, que es para el escritor de *La interpretación de los sueños* una *forma* singular, pues lo inconsciente también es un rasgo crucial del super-yo y atraviesa al yo. En cambio, en *lo* inconsciente no es el contenido sino la forma enajenada la que interroga al sujeto constituyéndolo en la pregunta "¿qué deseas?".

Para el psicoanálisis, Lacan enfatiza que el lenguaje constituye, como discurso material en la cadena significante, lazo social. El que ese lazo sea solo lingüístico —como dimensión ideal, cultural o privada— y opuesto al análisis crítico de una lógica social, es una afirmación ya insostenible. Dicho en otros términos, la refutación del psicoanálisis como psicología individual y pansexualista ajena a las dimensiones estructurales [reproche modélicamente presente en la equiparación por Voloshinov de Freud con Henri Bergson y Rudolf Steiner (Voloshinov, 1927: 91)], constituye hoy una reliquia interpretativa.

En esta línea de razonamiento, se torna evidente que la eficacia del lenguaje para lo inconsciente excede a la cronología de la invención del psicoanálisis. Así las cosas, la historia de lo inconsciente es enormemente más prolongada que la historia de *lo inconsciente freudiano*, cuyo desarrollo tiene hoy a lo sumo dos o tres siglos de existencia. Una reconstrucción histórica de lo inconsciente en la larga duración nos conduce a los numerosos comienzos de la aventura humana. Por eso, tiene razón E. R. Dodds (1950) en su interrogación sobre "los griegos y lo irracional", que en un fraseo más riguroso debería decir "los griegos y lo inconsciente". Si en la cultura griega antigua operan dinámicas de lo inconsciente, por ejemplo en los sueños, en buena medida su posibilidad surge de la eficacia del uso del lenguaje, o más exactamente, de la dependencia de los individuos ante la historicidad situada del lenguaje en la antigüedad griega. Y lo mismo puede decirse respecto de ámbitos sociales más próximos a la modernidad en que es producido el psicoanálisis. Si hay un "Edipo africano", tal como intentan pensar Edmond y Marie Cécile Ortiguès (1966) a propósito de psicoterapias en Senegal, ello debe tanto a la eficacia de la función patriarcal como al uso del lenguaje. Por supuesto, las referencias griega y africana son comunicables con preguntas psicoanalíticamente informadas solo de manera comparativa, pues tampoco en África se debe atribuir al "Edipo" un alcance solo *freudiano*.

De nuevo, conviene hacer un alto en una argumentación que admito vertiginosa para aclarar la cuestión de la universalidad del complejo edípico, antes de regresar a la problemática del lenguaje. La universalidad posible de las categorías psicoanalíticas es una proyección retrospectiva y comparativa. No proviene de los objetos mismos, sin que esto implique considerarlos absolutamente desestructurados. Del mismo modo que Marx alega que el carácter altamente abstracto de las categorías de la sociedad capitalista habilita su utilización *cum grano salis* para el estudio de otras formaciones sociales, la universalidad de las categorías freudianas solo puede ser empleada gracias al elevado grado de abstracción simbólica desarrollado en la crisis del patriarcado característico de la sociedad burguesa. Mas como ya he señalado, ello no entraña un evolucionismo de lo simple a lo complejo y mediado. Formaciones sociales precedentes testimonian vínculos repetidos de interacción, revelan la vigencia de lazos sociales. Pero también se los puede observar en situaciones en que esos vínculos repetidos coexisten con nexos aproximativamente dialécticos. La teoría maoísta de la contradicción que tanto fascinó a Althusser es un ejemplo. En su abanico de contradicciones y antagonismos representa la convivencia de dinámicas sociales en una China en conflictiva inscripción en el orden capitalista.

Las estructuras lingüísticas también tienen historias. El lenguaje posee diversos grados y modalidades de socialidad, es decir, de enajenación sistémicamente generada. Por definición, el lenguaje es un hecho anónimo que escapa a las potencias subjetivas pero, a la vez, despliega inéditas y artificiales facultades intersubjetivas. Las diferentes figuras del nosotros, el sí mismo, el yo, etcétera, se plasman en términos del lenguaje. Aunque su construcción requiera condiciones más que lingüísticas, no prescinde de ellas. Por otra parte, posibilita reinstituciones de sus dinámicas pragmáticas. En este sentido, es válido el argumento habermasiano que demanda considerar la doble efectividad del lenguaje como práctica normativizante y emancipatoria. De hecho, ambas dimensiones están internamente conectadas. Es porque se estructura de manera normativa, social, que el lenguaje faculta usos alternativos a la subjetividad ensimismada o monológica y estimula un florecimiento de las capacidades creativas a través de un ejercicio público de la palabra.

El lenguaje se inscribe en prácticas de dominación y de liberación. En otros términos, cuando utilizo la noción de enajenación no estoy señalando el resultado unilateral de una práctica de dominación y opresión. Por el contrario, el ser social del lenguaje que se le impone al individuo o a una colectividad como un archivo preestablecido de recursos utilizables con diversos grados de discrecionalidad, posee gamas de plasticidad en los cuales se constituyen alcances desiguales de autotransformación humana. Sin embargo, y aquí me separo de la teoría habermasiana, las constricciones del lenguaje son objetivas y solo admiten modificaciones en los usos de la gramática. La gramática lingüística ha devenido, más que la familia nuclear y edípica (que innumerables indagaciones historiográficas, sociológicas y antropológicas han descripto como endeble y poco representativa), en un soporte de la lógica del patriarcado.

El nexo entre lenguaje y abstracción teológica es intuido por Friedrich Nietzsche en *El crepúsculo de los ídolos* cuando se pregunta si para liberarse del monoteísmo no habría que hacerlo primero de la gramática, esto es, de la normatividad objetivizada del lenguaje. Desde luego, esa intuición se hace pasible de la objeción habermasiana recién recordada. Entonces, lo que se requiere es una investigación de las diversas lenguas, estructuradas y desestructuradas de maneras distintas dentro del marco genérico de la eficacia configuradora de la intersubjetividad de los usos lingüísticos. Freud demuestra claridad al respecto cuando señala la importancia de una formación de psicoanalistas ligada a la historia de la cultura y del lenguaje. En parcial contraste con Lacan, al carecer de una noción de lazo social capitalista, Freud está inhibido de concebir hasta qué punto las eficacias no volitivas de los usos lingüísticos para lo inconsciente deben su relevancia a las condiciones sociales impuestas en la sociedad burguesa. El psicoanálisis freudiano entonces incurre en la misma ceguera que funda el discurso de la economía política: universaliza la formación *histórica* de la constitución problemática del sujeto.

Con el propósito de resolver el enigma de la validez de las categorías psicoanalíticas, el análisis histórico del lenguaje en su intersección con la historia de las religiones monoteístas y el patriarcado requiere un nexo con el desarrollo de las sociedades complejas. Las eficacias simbólicas del lenguaje no son las mismas en diferentes contextos sociales. Es el modo de darse la eficacia simbólica en la sociedad capitalista el que habilita captar las condiciones de emergencia del psicoanálisis. El incremento exponencial de la abstracción como fuerza social configuradora, debido a la abstracción de la dominación del capital, aumenta al mismo tiempo la experiencia de la fluencia abstractiva del lenguaje y su enajenación. Piénsese comparativamente en las maneras en que opera la objetividad en el *ayllu* andino de los tiempos coloniales, en la Manchester de Engels y en el Japón actual. O en la experiencia del tiempo de los nuer informada en 1940 por el clásico estudio de E. E. Evans-Pritchard, un tiempo irreductible a la abstracción y a las actividades concretas.

La mayor inestabilidad del lenguaje debida a la ruptura de los lazos vinculantes con la tradición, la desestructuración de los mandatos comunitarios y la diversidad de configuraciones subjetivas e intersubjetivas propias de la modernidad, junto a la expansión de la forma salarial, genera una modificación en las representaciones de la experiencia del mundo. No se trata solamente de que las formas de trabajo se hacen más automáticas debido a la imposición de la fuerza de trabajo abstracta como medida de valor en la producción de mercancías. Deviene también más dudosa la viabilidad de que el lenguaje en el que los sujetos se encuentran educados lidie adecuadamente con una realidad cada vez más ajena. El historiador Edward Thompson, sin acudir al psicoanálisis, lo concibe desde el marxismo en relación con la "experiencia" y la noción de "tiempo" en el proceso de construcción de la clase obrera en Inglaterra a fines del siglo XVIII. Como György Lukács, quien realiza ese análisis desde premisas románticas, Walter Benjamin lo piensa metafísicamente en su ensayo de 1916, "Sobre el lenguaje en general y sobre el lenguaje de los hombres". Mi propuesta, en cambio, consiste en despojar de premisas humanistas a la interrogación sobre el lugar del lenguaje en el surgimiento de lo inconsciente freudiano. Los análisis histórico-filosóficos permiten captar con mayor rigor empírico las transformaciones epocales del lenguaje (por ejemplo, considerando la enorme mutación involucrada en la invención de la imprenta y la circulación de impresos) y sus ambivalencias. Estas no deben ser simplificadas en la fantasía de una malograda comunicabilidad originaria.

La dificultad para expresar la experiencia propia de la modernidad mediada por el capital no solo impone a los individuos y grupos un malestar generalizado respecto de los alcances de la representación lingüística. Un ámbito central de ese malestar es desde luego el de la sexualidad, pero en modo alguno es el único. Como sea, la dificultad de la abstracción lingüística —teorizada por Lacan en la lógica del significante en detrimento del signo— no debe ser simplificada. También habilita, en conexión con el desarrollo tecnológico impulsado por la acumulación ampliada del capital, una liberación de los modelos establecidos en las prácticas de representación simbólica y del uso de las imágenes. Esa liberación multiplica las capacidades individuales y colectivas de hacer cosas con palabras y con imágenes, entre las cuales se encuentra la propia definición de lo humano. La ambivalencia se lee mejor cuando se consideran las distintas fuerzas en pugna, sin abandonar los planos estructurales en que se reproducen. Cabe conjeturar, con todo, que las consideraciones precedentes, deudoras de una teoría social dialéctica, no son las únicas viables. ¿Por qué no partir de una heterogeneidad radical sugerida por un sentido común empirista?

Uno de los límites decisivos de las aproximaciones postestructuralistas consiste en que no pueden explicar la reproducción de las formas de la dominación, comenzando por las que aquí son concebidas: la lógica del capital, el patriarcado (y su regulación de la diferencia sexual) y el lenguaje. Al prohibirse la concepción de lo estructural en beneficio de un historicismo radical, también conceptualizan inadecuadamente la aparición de la diferencia, de la contingencia y del cambio, las que solo ingresan a la teoría como premisas inexplicadas. Es por eso que el antifundacionalismo del postestructuralismo solo es concebible como una nueva metafísica, sea de la dispersión o de la fluidez. Se inhibe de captar cuánto adeudan la fluidez, la diferencia y la heterogeneidad a la reproducción postfordista del capital y a la persistencia multiculturalista del patriarcado.

El postestructuralismo expresa sin embargo algo verdadero. Reacciona al fracaso de una dialéctica hegeliana como revelación de una racionalización absoluta de lo social. Si el marxismo de la síntesis social y de las formas en interrelación dialéctica no se propone proveer una lógica lisa y unívoca del todo capitalista, por lo demás se observan otros nexos sociales coexistentes, tales como los provistos por el patriarcado, las relaciones de género, las categorizaciones racializantes, las creencias religiosas, etcétera. La dificultad del postestructuralismo reside en su renuncia a investigar cómo en la sociedad burguesa avanzada la lógica capitalista incorpora a su reproducción otras dinámicas de nexo social y crea la experiencia de diversidad. Por eso el pensamiento postestructural deviene una figura del empirismo.

En cambio, requerimos una investigación que articule la vigencia históricamente específica de la crítica inmanente del capital, la persistencia milenaria del patriarcado y las eficacias simbólicas de los usos del lenguaje en la *longue durée* de la historia humana, en interacción con las incertidumbres que acosan a la reproducción del capital, las vacilaciones de un patriarcado sobreviviente en su crisis y las innovaciones en las prácticas lingüísticas que coexisten con la gramática. Dicho en otros términos, necesitamos un enfoque que eluda tanto el reproductivismo mecánico del estructuralismo como el descriptivismo sin explicaciones del postestructuralismo.

La clave de todo el análisis reside en lo siguiente: mostrar que la aparición violenta de una lógica social enajenada, con resultados ambivalentes respecto de las perspectivas emancipatorias (pues este enfoque no es valorativamente objetivo), incide en las temporalidades de mayor duración del patriarcado y el lenguaje. Estas temporalidades no son subsumidas sin residuos en la sistematicidad de la lógica del capital, pero son gravemente afectadas, reconfiguradas y tensionadas por ella.

La investigación de cómo esos núcleos de dominación se interrelacionan en cada espacio en que se diferencia la globalidad capitalista es un tema central para la teoría crítica. Pues en esa espacialidad en que lo global se negocia en lo local se inscriben las condiciones históricas que matizan una tendencia sin embargo universal. Es notorio en mi argumentación que tal universalidad es a la vez de liberación y de opresión, por lo que es decisivo que la voluntad política reconozca las peculiaridades en que las formas de dominación se entrecruzan en cada lugar con tradiciones, tendencias y legados de larga duración. Este es el preciso instante en que el examen del "eurocentrismo" conquista su verdad. Su error —cuando adviene— consiste en derivar de allí un sustantivismo de lo particular, y de hallar en su interioridad reconstituida el retorno a sí mismo. Si un cuestionamiento del orden complejo de la dominación demanda una estrategia global, revolucionaria, sus "lugares" exigen adecuaciones de una diversidad de escalas cuya jerarquía no puede ser establecida *a priori*. Pero el internacionalismo, transformado en revolución global, constituye el inagotable horizonte comunista de las voluntades emancipatorias, sea que comiencen por la crítica del racismo, del capital, del clasismo, del patriarcado o del machismo.

¿Cómo se construyen las convergencias críticas? ¿Qué temporalidades asumen los "aquí y ahora" de la acción? ¿Quiénes son los sujetos del cambio social? ¿Qué estrategias deben ser diseñadas en las diversas situaciones? Tales preguntas solo pueden ser respondidas cuando las inteligibilidades se declinan en el ámbito situado de la política.

Así las cosas, de lo que se trata es de conceptualizar una teoría de las condiciones estructurales de la intersubjetividad en la modernidad capitalista en que las formaciones simbólicas de larga duración del patriarcado, del monoteísmo y del lenguaje son reconstituidas sin por eso ser subsumidas absolutamente en las exigencias del valor que produce (más) valor a través de la explotación del trabajo humano.

El capital no es monológico e invulnerable, incluso en el terreno de las relaciones sociales de producción. Así como es compatible con la coexistencia de múltiples formas de trabajo y composición de clases sociales, de organizaciones estatales y discursos legitimadores, su reproducción ampliada es viable con distintos modos de religión monoteísta (como de sus correlativos paganismos y herejías), de dominación masculina sostenida en la figura paterna (junto a las subversiones del familiarismo) y con diferentes prácticas estructuradas de la representación simbólica. Lo importante es que no las deja intactas. Las incorpora, modifica y utiliza a través de su inscripción en la forma dineraria. Así lo hizo, sin que existiera un sujeto consciente que diseñara un plan maligno de dominación, con la división sexual del trabajo para el desarrollo productivo asalariado, para la reproducción de los cuerpos requeridos por la generación de plusvalor, para la mercantilización del lenguaje y el pensamiento, en beneficio de la expansión de la ganancia.

He insistido sobre la naturaleza retrospectiva de la efectividad performativa de la lógica del capital. Propuse pensar esa efectividad en interconexión con la sedimentación transhistórica de las dominaciones del patriarcado, el monoteísmo y la enajenación social del lenguaje. En esa convergencia, las temporalidades nunca llegan a sincronizarse. Preservan sus matices incluso si toleran su funcionalidad con la reproducción del capital. Se trata de procesos de diversas duraciones, pero históricamente inseparables de la experiencia de la modernidad. Lo que vengo a plantear es que deberían serlo también de su teoría crítica.

Conclusiones: reiniciar la crítica de la dominación social

He explicado las razones que hicieron inviable, tanto desde el lado de la izquierda freudiana como del marxismo de la "concepción materialista de la historia", un encuentro virtuoso entre dos teorías potencialmente críticas. Más adelante señalé —luego de sintetizar la lectura de Marx que lo torna vigente e incluso imprescindible para la reconstrucción de la teoría crítica de la lógica social capitalista— su validez contemporánea a la imposición de su objeto. Neutralizada la explicación de la historia por un marxismo interpretado como materialismo histórico, observé que hay dominaciones intersubjetivas irreductibles a la eficacia objetivo/subjetiva de la sola lógica capitalista. Las que me interesaron para la discusión fueron, por un lado, las del patriarcado a propósito del cual recordé su soporte monoteísta, y por otro lado, la de la enajenación social del lenguaje. Quise enfatizar que las temporalidades de ambas dominaciones superan largamente la cronología capitalista aunque esta, con su potencia metabolizante, haya diseñado múltiples modos de incorporarlas al imperio del valor. Sin embargo, no por eso dejan de requerir teorías específicas que el marxismo no puede, él solo, proveer, pues su tema es el capital como sujeto anónimo.

Me interesó sobre todo mostrar cómo los temas del patriarcado en crisis y la ambivalente alienación del lenguaje en su eficacia simbólica, hallaron en la invención freudiana del psicoanálisis un punto de encuentro, pues son decisivos para dar cuenta de lo inconsciente. Al elaborar lo que se sostiene en formaciones de lo inconsciente (las incertidumbres eróticas del sujeto hablante), el psicoanálisis posee una consecuencia ilustrada y crítica que, me parece, aporta dimensiones útiles para una incorporación del enfoque freudiano a un horizonte conceptual y político de la izquierda mucho más rico que las implausibles explicaciones represivistas sostenidas en un esencialismo de lo genital, del deseo o del placer como funciones presociales. El planteo supone consecuencias para los posibles órdenes postcapitalistas, pues establece la vigencia de lógicas de dominación que precedieron al imperio del capital y pueden prolongarse tras su supresión.

Lo inconsciente posee entonces una historia más extensa que la del inconsciente freudiano. Es este inconsciente el que se vincula con las dinámicas también inconscientes, plenas de representaciones imaginarias y simbólicas, que constituyen la configuración de la realidad en nuestro mundo. El psicoanálisis nos muestra que habitamos entre *mitos reales*, del mismo modo que el marxismo nos previene de que la enajenación "fetichista" de las mercancías es el universal concreto de la experiencia social capitalista. En ambos casos, según la reinterpretación aquí desarrollada, opera una renuncia a cualquier tentación de retorno a un origen primigenio, de unidad inmediata, libre de abstracciones y enajenaciones. La abstracción como forma social es un arma de doble filo, que conviene no simplificar. Justamente, los procesos de abstracción son la precondición y el obstáculo para el proyecto emancipatorio. He allí el núcleo de la recomposición de un diálogo sistemáticamente viable entre marxismo y psicoanálisis.

El que desde un punto de vista metateórico sean ambas formaciones materialistas (señalé que en los dos casos lo objetivo prevalece sobre lo subjetivo), en modo alguno anula sus diferencias conceptuales. Ni determina que el abanico de la interseccionalidad se detenga en ellas. Estas indicaciones preliminares requieren ulteriores elaboraciones teóricas y el desarrollo de investigaciones con soporte empírico que las torne falsables.

4

La izquierda lacaniana en sus dilemas

Abordaré los aspectos a mi juicio centrales de una reciente argumentación de "izquierda lacaniana" sobre la política democrática. La "izquierda lacaniana" es una formación teórica contemporánea, en la que es posible reconocer dos ramas. Una reformista y postmarxista, cuyo referente es el trabajo de Ernesto Laclau. Otra revolucionaria y marxista (o, en todo caso, inscripta en una plasmación radical del marxismo), cuyos nombres más conocidos son Slavoj Žižek y Alain Badiou. Me ocuparé de la primera línea, pues es la que ensaya una elaboración democrática. Para Žižek y Badiou el significante democracia ingresa, en cambio, en el vocabulario ideológico de la dominación.

Con el propósito de avanzar en la discusión, recurriré a los planteos de Yannis Stavrakakis sin olvidar que sus perspectivas se sostienen en las convicciones teórico-políticas de Laclau. El interés del libro de Stavrakakis, *La izquierda lacaniana*, reside en que expresa con claridad las derivaciones de la lectura laclauiana de Jacques Lacan, así como sus premisas postmarxistas. Pero antes plantearé brevemente el pasaje de una promesa althusseriana de conexión entre psicoanálisis y marxismo en Jean-Joseph Goux al postmarxismo como salida al presunto fracaso de la misma.

Brevísima prehistoria de la izquierda lacaniana postmarxista

En el ensayo precedente, me demoré en temas de la lectura althusseriana de Marx y Lacan. Aquí sintetizo mi horizonte conceptual: la proposición esencial del lacanismo, "lo inconsciente está estructurado como un lenguaje", supone que el psicoanálisis lidia con las duraciones de la abstracción simbólica. La excedencia del nexo provisto por el intercambio universal del dinero como mediación de la forma-mercancía demanda al descubrimiento de Marx extenderse. Desde la abstracción social hacia el dinero, el monoteísmo y el patriarcado, la lógica capitalista se encuentra sistemáticamente con las formas simbólicas reconocidas por el psicoanálisis. La vulnerabilidad burguesa de Lacan —quien adeuda a la lectura kojèviana de Hegel una comprensión de la dialéctica inaccesible a Freud— consiste justamente en desestimar la implicación de la abstracción simbólica con la abstracción social, es decir, la coyuntura de temporalidades no meramente externas entre psicoanálisis y marxismo. Pero como ocurre con Freud, también con Lacan su pensamiento es adoptado desde las izquierdas para componer otros discursos.

Por razones extrateóricas, la gravitación del recomienzo de un vínculo entre marxismo y psicoanálisis a través de Lacan es abruptamente sustraída del escenario filosófico. En el propio Althusser, cesa con la aplicación sociológica en el artículo "Ideología y aparatos ideológicos de Estado", esto es, hacia 1969. Sin embargo, las repercusiones de su propuesta no son exclusivas del propio Althusser. Pues aunque Jean-Joseph Goux apela en sus ensayos atizados por los acontecimientos de 1968 al herramental de *Tel Quel* y a los textos de Jacques Derrida, el tono dominante de su pensamiento permite reconocer motivaciones conceptuales althusserianas.

De acuerdo con Goux, en uno de los ensayos más ambiciosos de esquematización de la substitución formal que comprende al dinero, el padre, el lenguaje, el falo y la mercancía, Marx sienta las bases de una "ciencia de los valores" (1973: 16). Lo que habilita esa ciencia, en que participan el marxismo y el psicoanálisis, es la *representación* como "procedimiento general". Su modelo es el que Marx desarrolla en el capítulo primero del volumen uno de *El capital*, hasta llegar a la "forma dinero": las formas simple (I), desarrollada (II), general (III) y dineraria (IV). La ciencia del dinero o *numismática teórica* autoriza a "seguir las articulaciones homológicas de toda organización significante (en el interior de una época)" (1973: 43).

Goux entiende que en Lacan el padre ("muerto", simbólico) es elevado al equivalente general entre sujetos, que se sitúan ante él como lo hacen los "valores relativos" en las formas desplegadas del intercambio mercantil hacia la mercancía dineraria. Lo mismo ocurre con el lenguaje (logocéntrico) y con el Estado. En todos esos casos, se trata de un borramiento de sus respectivas génesis. Marx, entonces, provee un análisis que posee coincidencias formales con la crítica de la hipostatización simbólica del falo en el psicoanálisis. Por desgracia, este análisis es descontinuado por Goux. Su perseverante interés en cuestiones del dinero se transpone, como en tantos otros intelectuales de su generación, de la crítica de la economía política al simbolismo dinerario. Sin embargo, una explicación contextual del abandono de una conexión entre psicoanálisis y marxismo es insuficiente. En realidad, Goux lee el "procedimiento general" de Marx en términos formalistas y transhistóricos. Al carecer de una concepción de la abstracción social, se deshace del "economicismo marxista" y del marxismo como tal. La teoría del valor se disuelve para dar lugar al "imaginario económico". Su pensamiento perdura en un plano de lo imaginario exonerado de las dimensiones social-materiales de la circulación monetaria.

Una década más tarde, otro retoño del althusseria-nismo, Ernesto Laclau, se encuentra ya embarcado en una original empresa postmarxista. La tesis de Laclau (1987) es que el camino inviable de un nexo entre psicoanálisis (laca-niano) y marxismo plantea una tarea adecuada solo realiza-ble en una teoría postmarxista. O lo que es lo mismo, como explicaré enseguida, en la deconstrucción del marxismo.

En un movimiento característico de su razonamiento postmarxista, Laclau atribuye al marxismo el esquema explicativo de base económica/superestructura político-jurídica. Según esa lectura del marxismo, su problema bási-co consiste en la premisa de una correspondencia entre lo económico y lo político-jurídico, a veces distorsionada por la ideología. Laclau reconoce entonces que en ese marxis-mo hay dos rasgos contrapuestos a la premisa, en última instancia iluminista, de una transparencia entre lo social y lo político: la negatividad involucrada en el carácter anta-gonista de las clases y la opacidad de lo ideológico. Sin embargo, esa negatividad propia de la "prehistoria de la humanidad" es anulada en el futuro y necesario comunis-mo. Justamente, lo que el postmarxismo laclauiano concibe, y en eso posee un "índice de comparación" con el psicoaná-lisis lacaniano, es que abandona la dicotomía negatividad/positividad y opacidad/transparencia donde se sostiene la teleología marxista.

En efecto, la categoría de origen marxista de "hegemo-nía" solo puede ser desarrollada en una clave postmarxis-ta, pues adquiere consistencia en la asunción como punto de partida de una *falta* constitutiva en lo social. El sujeto hegemónico es el sujeto del significante, es un sujeto sin significado. Es construido políticamente sin ceder en su negatividad y opacidad. No encarna por lo tanto un proceso de unificación o *Aufhebung* de la dualidad sujeto/objeto. Es generado en prácticas discursivas de inscripción vulnerable y finalmente imposible. Mas justamente por esa imposi-bilidad de deducir al sujeto de lo social fallido (él mismo inasible sin operaciones discursivas de institución) es que lo político adquiere el estatus de una ontología de lo social. En tal sentido, Laclau no es un postestructuralista atenido a la multiplicidad de un real inasible. La heterogeneidad de lo social, cuya falta es "lacaniana", requiere desarrollar decisionistamente una "lógica" de lo político alrededor de la construcción hegemónica. Es, según Laclau, una lógica del significante y de la dislocación deudora de la posibilidad/imposibilidad en la constitución de toda identidad.

La izquierda lacaniana

Hacia el año 2000, la tarea laclauiana de una "destrucción" heideggeriana de la "historia del marxismo" aparece como una tarea ociosa en algunos sectores que todavía se reconocen en la teoría crítica y procuran usos del psicoanálisis para una política de izquierdas.

Como anticipé en el inicio de este ensayo, el libro de Stavrakakis *La izquierda lacaniana*, provee un conjunto de argumentos para analizar sus alcances. Una distinción central en la obra de Stavrakakis organiza el campo de la izquierda lacaniana entre posiciones radicales en la que se reconocen resabios imaginarios de la utopía revolucionaria y posiciones, a su juicio mejor colocadas en la estela de Lacan, en que se asume la consonancia del sujeto lacaniano con la "revolución democrática" descubierta por Claude Lefort entre los pliegues de la modernidad.

Como también sucede con su opuesto antisistémico, la "izquierda lacaniana" reformista no es un movimiento social o político. Tampoco es un colectivo intelectual organizado. Es una idea movilizada por autores afines al pensamiento de Laclau, un puñado de académicos dedicados a la teoría política y los estudios sociales (Stavrakakis, 1999 y 2007; Laclau, 2005).

Con el propósito de eludir cualquier afición apologética, me interesa enunciar los supuestos vigentes en la pregunta sobre la izquierda lacaniana como tal. En el último ensayo de este libro, veremos que para León Rozitchner el sintagma mismo es improcedente. Es que si hay una izquierda lacaniana, entonces puede haber una derecha lacaniana. ¿Cuáles serían sus rasgos conceptuales característicos? Son justamente aquellos que despojan a la productividad estructural de sus fracturas dialécticas. Uno es la edificación de una estructura de repetición sin contingencia, la postulación de una temporalidad repetitiva. Lacan apela a esa repetición puramente circular en su ironía contra el estudiantado revolucionario de 1968. Otro rasgo es la trascendentalización del orden significante. Respecto de esa "lectura estructuralista" de Lacan es válida la objeción de Daniela Danelinck (2015) contra la reducción de lo inconsciente al discurso del sujeto (horizonte usual del freudomarxismo prelacaniano), pues en verdad remite al discurso del Otro. Veamos esto más de cerca.

De manera general, el plexo de agregación de la izquierda lacaniana es la imposibilidad de semejante edificación de un orden significante, cuyos elementos son constitutivamente fallidos. Ocurre lo mismo con aquellos significantes que emergen como organizadores del campo de la significación: los significantes "amos". El ejemplo decisivo es el del falo y su inoperancia para organizar la "relación sexual". La inoperancia redunda en un exceso que Lacan denomina "goce", recurriendo en un giro subversivo al tópico psicoanalítico ya presente en Freud sobre el *dark continent* (la pregunta inequívocamente masculinista de "qué quiere la mujer").

Con su obra de 1989, *El sublime objeto de la ideología*, Žižek emerge como el más inventivo ensayista de una todavía en ciernes "izquierda lacaniana". Si bien la tesis laclauiana de la falta en lo social es crucial para el proyecto intelectual de Žižek, su resistencia a seguir a Laclau en el postmarxismo lo encamina a escindir el periplo de esa orientación que en cambio asume Stavrakakis. Desde la escisión entre Laclau y Žižek, la "izquierda lacaniana" se articula en una encrucijada.

El significante "izquierda" opera como proposición intelectual en la teoría lacaniana. Su enunciación es performativa y polémica. No es tanto el designador de un referente real, externo al lenguaje que lo mienta, como un nombre comprensible entre cierto número de hablantes. Es una categoría nativa antes que analítica. Ateniéndome al uso etnográfico, escribiré *izquierda lacaniana* en cursiva, recurso tipográfico que recordará los apasionamientos teóricos e ideológicos que la penetran.

El planteo lacaniano esbozado por Laclau y desarrollado por Stavrakakis parte de una homología trascendental entre sujeto individual, colectividad y sociedad. Así como no hay un sujeto exento de división castratoria, no hay totalidad identitaria en los agrupamientos sociales. Ni hay identidad política expresiva de una esencia. Por el contrario, toda identidad es la cobertura simbólica o discursiva de una falta. El sujeto político es indeducible de una sustancia social, porque no existe algo así como una sociedad orgánica, exenta de conflictividad. De allí que los conceptos lacanianos, elaborados bajo la presión de la clínica, en estos autores emigren sin pasaportes hasta la teoría social. La tesis de la *izquierda lacaniana* evade de tal manera una problemática central en la aplicación/extensión/uso del psicoanálisis en el análisis social y en la práctica política. Volveré sobre esta cuestión.

Otra afirmación central es la existencia de una "teoría" lacaniana, es decir, un sistema conceptual coherente. Veamos sus rasgos centrales. La teoría de Lacan se organiza desde la primera formulación madura de su pensamiento alrededor del "Discurso de Roma", en 1953, y experimenta una transición crucial hacia 1964 con la consolidación de su peculiar veta postestructuralista en torno a "lo real" y el "goce". Lacan corrige entonces un énfasis estructuralista sobre la potencia identificante del orden significante —en

cuyos entresijos se dirimen las identificaciones subjetivas—
para subrayar la imposibilidad de domesticar lo real, un real
que retorna irrumpiendo entre los pliegues de lo simbólico
y lo imaginario.

Un imposible, el sujeto debe reconstituirse en la repetición, aseverando retroactivamente una "identidad" siempre
vacilante. Ha sido privado de un goce que, en consecuencia,
persevera como una añoranza del mítico disfrute incestuo-
so. Pero esa condición que configura su drama es también
la potencia de una sujeción apasionada, tan vigorosa como
frágil, a un significante que no logra ocultar su inconsistencia constitutiva. Más que un sujeto del significante, el sujeto
lacaniano es el sujeto de una falta que lo produce como
deseante, en una búsqueda incesante que jamás alcanzará
una completitud a riesgo de caer en la psicosis.

La forclusión de la falta sustrae al individuo de la subjetividad. Por ende, en materia de técnica no se trata de
eliminar la causa del síntoma —ese anudamiento de compromiso que adviene en lo real e interroga al sujeto— sino
de "atravesarlo" y, así, gozarlo de un modo nuevo, articula-
do en la palabra ya no inconscientemente reprimida, o en
todo caso no completamente reprimida, sino en una nueva trama de subjetividad inestable. El sujeto lacaniano se
reconoce como contingente, condición necesaria para refiguraciones precarias.

Veamos cómo se trasladan estos conceptos, tan esque-
máticamente expuestos, a lo político y, más concretamente,
a la política de izquierda "democrática".

Laclau y Stavrakakis adhieren al planteo histórico-
filosófico de Claude Lefort según el cual la democracia
moderna suplanta el principio del Antiguo Régimen, basado
en una sanción divina, por un principio de soberanía popular carente de un fundamento trascendente. Lo que previamente estaba legitimado en el doble cuerpo del rey, en parte
mortal en parte perenne por voluntad extramundana, ahora
es sometido a la contingencia de una legitimación finita. De
allí, Lefort no deduce la debilidad eminente de la política

moderna, sino la apertura a nuevas posibilidades (Lefort, 1981). De tales posibilidades, la *izquierda lacaniana* adopta la noción de "democracia radical". Derivada de una cierta lectura de Gramsci por Laclau y Chantal Mouffe (1985), el proyecto de una democracia radical abandona la estrategia revolucionaria marxista organizada alrededor de un eje político-social clasista.

Este es el lugar preciso para rediscutir una explicación de Laclau en diálogo con sus interpretaciones postestructuralistas. Según estas hermenéuticas, Laclau sostiene un convencimiento postfundacionalista y heterogeneizante sobre el cual la aproximación discursiva se erige como construcción decisionista de una voluntad política hegemónica. La práctica política innova en la generación discursiva y provisoria de una voluntad, sea populista-marxista en el Laclau de los años setenta, sea democrático-radical en el Laclau de los años ochenta y noventa, sea populista trascendental en el Laclau de su último quindenio de vida. No obstante, y quizás contra la autocomprensión deconstructiva del propio Laclau, el itinerario conceptual postmarxista lega en su pensamiento una vocación polémica contra la dialéctica, pero que justamente por eso se parece demasiado a ella. Laclau piensa en términos de ontologías, elabora una "lógica" de lo político, y reflexiona sobre la posibilidad de la universalidad. Esa universalidad es hegemónica y no sustancial, es elusiva y no esencial. Lo crucial es que el pensador argentino no se recuesta sobre un particularismo o diferencialismo pluralista para evadir lo que a su parecer son las consecuencias totalitarias del marxismo. Sin embargo, jamás recala en el empirismo. Reflexiona con/tra Hegel y Marx en la búsqueda de una lógica no metafísica de lo social.

Para la democracia radical, no hay sujetos socialmente predispuestos a asumir la universalidad de lo político. Se trata más bien de construir hegemónicamente la subjetividad política como tal. La estrategia revolucionaria —denostada como forclusión de la falta constitutiva— cede lugar a la extensión de los derechos civiles, sociales y políticos, en una clave reformista, dinámica y abierta. Es decisivo en este sentido que se plantee una autonomía de "lo político", movimiento requerido para aislar quirúrgicamente el cuestionamiento del capital característico del marxismo. A partir de allí, la apelación a las categorías marxistas es denostada como "economicismo" o "reduccionismo de clase". La noción de una democracia radical concluye sin equívocos en una posición tardía más antimarxista que postmarxista. La afirmación de una concepción postmarxista oculta mal cuánto de antitético con el marxismo mueve al pensamiento de Laclau según es reinterpretado por un sector de sus discípulos.

Cualquiera sea la evaluación del marxismo en la *izquierda lacaniana* de corte laclauiano, lo importante es destacar que la democracia radical se instituye en el horizonte insuperable de la imaginación política de inspiración psicoanalítica. Su incertidumbre primordial previene de la sutura utópica del exceso revolucionario que, como en Lefort, busca neutralizar las derivas totalitarias. Para Laclau y Stavrakakis todo proyecto revolucionario procura la supresión de las contrariedades sociales y políticas. La teoría y estrategia revolucionarias entrañan una simplificación imaginaria, fantasiosa, incapaz de tolerar la falta y performatividad del sujeto político.

El examen que Stavrakakis dedica a Laclau en *La izquierda lacaniana* es comprensiblemente simpatizante. Luego de explicar el ABC de la perspectiva laclauiana del sujeto político, Stavrakakis se lanza a una prolongada discusión de por qué la teoría de las identidades en Laclau incorpora tardíamente el concepto lacaniano de goce (o *jouissance*, como prefiere escribir el autor). La demora habría privado a la perspectiva laclauiana de una explicación convincente de por qué algunas identificaciones son más persistentes y apasionadas que otras. El autor admite que la incorporación es realizada recientemente por Laclau, por lo que no se advierte la vigencia de disenso teórico alguno.

Es bien otra la comprensión del lazo entre psicoanálisis y política que se deplora en Žižek. En este, se privilegiaría lo positivo y se desmentiría lo negativo en la dialéctica del sujeto. Por ende, afirma Stavrakakis, asume el discurso revolucionario sin analizar las condiciones e imposibilidades constitutivas. El "acto puro" de potencialidad revolucionaria que Žižek destaca por su capacidad para reconstituir sobre bases nuevas el campo simbólico-imaginario, está exento de las limitaciones exigidas por la tramitación de lo real.

La pasión de Žižek por el caso de Antígona —en razón de su pronunciamiento subversivo contra la ley— no es para Stavrakakis una senda aconsejable hacia una política realizable y progresistamente responsable. Habría en Žižek una operación de desmentida que torna al argumento del filósofo esloveno en una lógica perversa incompatible con la falta en el Otro. Más aún, llegaría hasta los extremos de una fe milagrera y un deseo en el fondo suicida, consecuencias que Stavrakakis encuentra forzosas en toda apuesta revolucionaria. Vale la pena reiterar que para él, como para Laclau, la utopía revolucionaria pretende desmentir la imposibilidad de una sociedad reconciliada, no antagónica. Es por lo tanto antipolítica e incapaz de admitir el fracaso de cualquier intento de clausura definitiva.

Žižek suturaría la negatividad nutriente del antagonismo ineliminable en la coexistencia democrática. El revolucionarismo žižekiano, además de puramente verbal, implica la añoranza de un retorno imaginario a la totalidad perdida, la nostalgia de un goce sin mácula. Pretende la "reocupación" del lugar vacío constitutivo de la subjetividad. Por el contrario, la *izquierda lacaniana* enfatiza hasta qué punto, si el goce persiste como un fundamento mítico del deseo y nunca es del todo atenazado por lo social, ningún ejercicio de un goce devenido acto absoluto (mesiánicamente revolucionario) da debida cuenta de las condiciones simbólico-imaginarias que circunscriben el carácter mítico de la *jouissance*.

Los peligros que atentan contra la revolución democrática de la modernidad son una preocupación central de la
izquierda lacaniana reformista. El nacionalismo fundamen-
talista y el consumismo socavan las promesas democráticas
de una extensión e invención de nuevas formas de representación. Son figuras despolitizantes que la *izquierda lacaniana* contrapone a los "actos políticos auténticos", es decir,
a los procesos de creación de formas democráticas entre-
cruzadas por el reconocimiento de los límites y la expansión
gozosa de los márgenes. En estos tiempos postdemocráti-
cos, concluye Stavrakakis, una teoría política

> resuelta a evitar los peligros que entrañan las respuestas polí-
> ticas nostálgicas de reocupación y los violentos *acting outs*
> tiene al parecer una sola alternativa: insistir en la radicaliza-
> ción de la democracia a escala global contra la despolitización
> y la domesticación de la negatividad y el antagonismo en el
> marco "imperialista" de la posdemocracia consumista (Sta-
> vrakakis, 2007:267).

Teoría para una izquierda radical-democrática

Ahora, quisiera examinar los rasgos teóricos principales de
la promocionada *izquierda lacaniana*. Considero que tales
rasgos corresponden a una concepción liberal-democrática
y republicana de la política. Temas como la separación entre
Estado y economía, la multiplicidad de intereses particulares, la relatividad de los puntos de vista, la ausencia de
totalidad, configuran una concepción política de vigorosos
trazos liberal-democráticos. Los matices tolerados dentro
del marco de estos convencimientos no son baladíes. Por
ejemplo, en Laclau lo liberal-democrático coexiste con una
inclinación populista. La diferencia no es bizantina. Se trata
de un populismo compatible con y, en verdad, cuya premisa es, el pensamiento liberal-democrático. La trayectoria
de Laclau permite reconocer variaciones significativas: de

una "estrategia socialista" en clave discursiva en los años ochenta a la democracia radical pluralista de los noventa, a la "razón populista" de sus textos tardíos. El hilo conductor de esas figuras de su postmarxismo está dado por la incompletitud de lo social y la constitución artificial de las identidades políticas, artificialidad que exige prácticas hegemónicas.

El uso laclauiano de Lacan posee dos implicancias que, si bien están comunicadas, no son similares. Laclau emplea un postestructuralismo lacaniano como teoría de la falta constitutiva para abonar las razones de un pluralismo constructivo democrático-radical. Pero también hallamos un Laclau en el que la incertidumbre de lo político es elaborada estratégicamente a través del trazado de una frontera populista. La diferencia entre ambas operacionalizaciones de Lacan en un pensador de creatividad autónoma consiste en que la decisión hegemónica en el pluralismo democrático-radical ingresa en el horizonte de los movimientos sociales, en una geografía política inestable y proliferante, mientras que aquella decisión ligada a la construcción de una hegemonía populista divide el campo ideológico-político en dos grandes territorios del esquema pueblo/minorías (oligarquía, corporaciones, troika, etc.).

El sujeto de la política radical de Stavrakakis es el ciudadano, en una concepción que —a pesar del aliento lefortiano modernista— se parece bastante al de la *polis* griega. La ambivalencia del padecimiento/goce de la vacuidad y la falta en lo social caracterizan al "ciudadano democrático". Este enfoque anula toda conexión sistémica con las escisiones de la sociedad en grupos o clases. Incluso en la prosa populista de Laclau, el abismo contra cualquier definición sustantiva de pueblo es evidente, pues la invocación populista es constructiva, performativa y no inmanente: se funda en una cadena equivalencial de demandas interconectadas por la común referencia a una instancia jerárquica, a menudo la del líder. Requiere la producción de una representación excedentaria de los agentes sociales disgregados.

Pero, como en el caso del ciudadano, tales demandas son relativas y parciales. Esta *izquierda lacaniana* anula cualquier pretensión de universalidad sostenida en una diferenciación social o en una lógica de mediación (como la lógica del capital). La universalidad es constituida en la comunidad, la democracia o el pueblo, según los casos, articulada en un juego de diferencias y equivalencias. En cambio, el totalitarismo en cualquiera de sus formas aspira a eliminar toda falta para fundar una utopía postpolítica y unitaria, un goce realizado y autocentrado.

El canon decisivo para juzgar la estatura teórico-política del democratismo radical en esta rama de la izquierda lacaniana es la separación entre lo político y lo económico, o entre la institucionalidad política y los intereses particulares organizados en el plano social. Esa distinción es típicamente liberal y fue rebatida por Hegel y Marx según ópticas diferentes. Para el argumento de Stavrakakis, se trata de una diferencia conceptual crucial. Debe precisarse que el enfoque se vincula menos con el liberalismo sostenido en la tesis del mercado organizador que en la tradición republicana de una ética política del compromiso crítico, al que el psicoanálisis lacaniano añadiría la exigencia de un goce identificante, pero advertida de sus limitaciones.

El sujeto político de la *izquierda lacaniana* deviene así paradójicamente abstracto y despolitizador de lo social. No es ninguna sorpresa que, al describir la lógica populista de lo político, Laclau considere a la "razón" política indiferente a las clasificaciones ideológicas habituales. El argumento es verdadero pues, en su concepto riguroso, es también constituyente de las separaciones ideológicas tales como izquierda y derecha, socialismo y liberalismo, etc. (Laclau, 2005). Es allí justamente donde surge el intríngulis de esta *izquierda lacaniana*. En efecto, autores como Laclau y Stavrakakis afirman la importancia de la teoría lacaniana para una política de izquierda postmarxista. Al mismo tiempo, Lacan iluminaría con sus nociones básicas "lo político". Pero entonces ¿por qué Lacan no aportaría elementos para una política de derecha? ¿Por qué hay mejores razones en Lacan para una política de izquierda que para una estrategia derechista?

Hoy sabemos que la derecha ya no es de preferencia reaccionaria y tradicionalista. Puede ser transformadora y modernizante, como puede serlo por caso la derecha neoliberal que ataca las bases del Estado benefactor. Puede ser postmoderna, pluralista y democrática. ¿O acaso la de derecha no es también una "política"? Al concentrarse en la refutación de la interpretación revolucionaria de los conceptos lacanianos —especialmente en Žižek y en parte en Badiou— Stavrakakis y Laclau pierden de vista la justificación de por qué Lacan sería más útil para la izquierda que para otros cuadrantes de la vida ideológica. Parece más adecuado argumentar en Stavrakakis un liberal-democratismo republicano y en Laclau un democratismo radical o populista, en ambos casos forcluyendo toda relevancia del deseo revolucionario. Aunque no manifiestan amor alguno por la sociedad capitalista, toda opción que se quiera progresista debe inhibirse de un cuestionamiento global del capital, pues, como en Foucault y muchos otros, atribuirle una lógica general es totalitario. Lo mismo ocurre si se aspira a imprimir a tal lógica una dimensión crítica antes que afirmativa, pues ello entraña una concepción dialéctica de similares consecuencias. He allí el tope de la oferta teórica de la *izquierda lacaniana* de vertebración laclauiana. Dentro del orden capitalista, hay política en la exacta medida en que es una formación fallida. La voluntad de subvertirlo radicalmente es impolítica.

Conclusiones: psicoanálisis, política y teoría social

La discusión sobre psicoanálisis y política de izquierda merece ser retomada. Hoy es tan urgente como en los tiempos en que la revolución social encarnó los deseos de un proyecto realizable. Pero esa faena no puede ser acometida sin una consideración de sus términos contemporáneos. Si algo vulnera la reciedumbre argumentativa de Stavrakakis y Laclau es la transparencia con la que se pliegan —con sus matices— al consenso postrevolucionario, radical-populista o liberal-democratista que sigue al derrumbe final de la Unión Soviética. Pero lo hacen de manera activa y con el propósito de una reconstrucción diferente de la izquierda. El alcance de su inclinación de izquierda incluye a los movimientos sociales, la sociedad civil y la política reformista. En este aspecto, la *izquierda lacaniana* pertenece a una sensibilidad política que renuncia a toda proyección anticapitalista. Para ellos el cuestionamiento radical del capital y de la sociedad de clases es una utopía derivada de un extravío, de un cubrimiento fantasmático que rechaza el duelo del fracaso de la política revolucionaria. Por añadidura, la dinámica del capital deviene un impensable. El cambio revolucionario es comprendido como delirio fantasmático, en concordancia con el dominio de la ideología apologética de la sociedad capitalista.

La revisión de un diálogo entre los saberes psicoanalíticos y la crítica de la economía política (ese otro nombre para el marxismo, que sugiero prolongar en una crítica de las ciencias sociales) es todavía una vereda abierta para reinstituir el proyecto de una práctica revolucionaria que, desde luego, no se edifica a través de la teoría. Es decisiva para reconstruir el análisis crítico de la abstracción social imperante en la sociedad capitalista, con sus proliferantes ecuaciones del deseo. Propuestas como las de la *izquierda lacaniana* de trenzado laclauiano delatan el carácter todavía inicial de las investigaciones al respecto. Es probable que la obra de Lacan detente un rol destacado en los debates por venir. En ella, como en Klein y en Freud, el psicoanálisis plantea un desafío que impacta en la línea de flotación teórica del marxismo: las intersecciones universales entre pulsión y represión, entre deseo y significante, entre goce y palabra, entre inconsciente y representación. Habilitan ingresar de otra manera a su noción cardinal, la abstracción social. Esta no deja intactas a las posibilidades y limitaciones de la "autonomía de la política" con que sueña todo postmarxismo.

Lo intratable para la *izquierda lacaniana* reformista sigue siendo Marx y su decir sobre la democracia. Su sombra la persigue hasta los últimos rincones de la casona lacaniana. Sobre todo lo es un Marx desplegante de la lógica del capital, por lo tanto en crisis con la metáfora base/superestructura y el clasismo como zócalo fundamental de lo histórico. Es el Marx que examina las formas objetivas y subjetivas en que la abstracción capitalista media las relaciones sociales. ¿Qué sucedería si las "formaciones de lo inconsciente" estuvieran también mediadas por la abstracción social? ¿Qué si el deseo y la pulsión, el fantasma y el goce, fueran figuras emparentadas con el capital? Entonces, la pregunta sobre la relación entre psicoanálisis y política democrática requeriría una entrada inaccesible a una *izquierda lacaniana* que excluye de antemano todo proyecto de anticapitalismo revolucionario.

5

León Rozitchner,
entre-tiempos freudianos

El encuentro problemático entre marxismo y psicoanálisis ha constituido uno de los enigmas teórico-políticos del siglo XX. Lo ha sido por la atracción irresistible que en una era revolucionaria aproximó y a la vez distanció a dos cuerpos conceptuales filiables en las incertidumbres de la modernidad: Marx en la constitución contradictoria de lo social como tal, Freud en la forja "histérica" de la subjetividad. El entrecruzamiento provino de un forzamiento denominado freudomarxismo o marxismo freudiano. ¿Qué persiste de esa atracción *externa* en nuestros tiempos donde la noción de revolución, si no es necesariamente descartada, ha perdido gran parte de su autoevidencia? El colapso del freudomarxismo, de Wilhelm Reich a Herbert Marcuse, y la fragilidad de los ensayos de recuperar un lazo lacaniano entre psicoanálisis y marxismo, de Louis Althusser a Slavoj Žižek, hilvanan un panorama precario, dibujan un porvenir incierto.

Sin embargo, el mundo de la teoría nunca está dado de antemano. No solo porque es un ámbito que posee un alto umbral de invención conceptual, sino porque es afectado de maneras específicas por la realidad práctica. Esa realidad es la de una sociedad capitalista en permanente globalización, donde los fenómenos de lo inconsciente, antes que disolverse en una transparencia postmoderna, se han universalizado. Las redes y la virtualidad han puesto de manifiesto el contexto fetichizado en que se dirimen las subjetividades, o lo que es lo mismo, la primacía de lo objetivo sobre lo subjetivo. Es esa evidencia de un puente conceptual *interno* entre el fetichismo mercantil investigado críticamente por el marxismo y el fetichismo de la subjetividad atormentada interpretado analíticamente por el saber freudiano la que expone un escenario para la eventual recomposición del diálogo entre marxismo y psicoanálisis.

La crítica de esta sociedad globalizante demanda, entonces, repreguntar por un nexo teórico aparentemente devastado, que sin embargo sobrevive a sus propias ruinas. Quiero avanzar algunas hipótesis —anticipadas en el tercer ensayo del presente libro— sobre la reconstitución del planteo "psicoanálisis y marxismo", y situar en tal horizonte una lectura de las obras del filósofo argentino León Rozitchner (1924-2011), comunicables con las cuestiones mencionadas. Me detendré sobre todo en dos obras, *Freud y los límites del individualismo burgués* (1972) y *Freud y el problema del poder* (1982). Incorporaré de manera sucinta en este análisis la última gran publicación filosófica rozitchneriana relativa al psicoanálisis, Mater–*ialismo ensoñado* (2011), pues a mi juicio, aunque pueda ser leída como una expansión de su apuesta por recuperar la matriz corporal-afectiva reprimida en el sujeto psicoanalítico "lacaniano" por la primacía de la razón patriarcal, entraña el inicio del retorno hacia un más acá de Freud. Que ese retorno sea justificado o no pertenece a otro orden de discurso.

En una primera sección, plantearé el estado de las cosas en el legado del vínculo entre marxismo y psicoanálisis a propósito de Freud y Lacan. Posteriormente, desarrollaré un argumento que esboza un programa de investigaciones teórico-políticas sobre el reencuentro entre la crítica marxista del capital y la analítica freudiana de lo inconsciente. En una tercera sección, estudiaré el lugar de Rozitchner en la empresa teórica mencionada. Mi hipótesis al respecto es que la obra de Rozitchner constituye una cantera fértil de intuiciones oscilantes entre Marx y Freud a través de una metafísica spinoziana, una antropología filosófica en la que se preserva la promesa de un retorno al origen materno/

comunitario. En esa oscilación reside tanto el valor teórico y político de su obra freudomarxista como el límite en la reconfiguración de un vínculo postfoucaultiano entre psicoanálisis y marxismo.

Marxismo y psicoanálisis, un recorrido

Al plantear el encuentro entre marxismo y psicoanálisis no se aproximan saberes de naturaleza irreductible. Sin por eso dar por supuesta una comunión histórico-conceptual, es relativamente sencillo mostrar hasta dónde el psicoanálisis y el marxismo adeudan tramos importantes de sus formulaciones a las promesas irrealizables de la Ilustración, ese movimiento que desde el siglo XVI (con un esclarecimiento filosófico en el siglo XVIII) se propuso una liberación de los mitos con que, en el Antiguo Régimen europeo o en las colonias americanas, se contenía a la humanidad en una "minoría de edad".

Las deudas con la Ilustración fueron activas. Como se ha señalado reiteradamente, tanto el marxismo como el psicoanálisis socavan la soberanía del sujeto racional sostenido en el horizonte ilustrado. No obstante, un materialismo común en ambas formaciones teóricas recupera algunos estratos del pensamiento ilustrado al calor de la noción de *crítica*.

¿Crítica de qué? ¿Crítica desde dónde y hacia dónde? En el marxismo, es la crítica de una lógica social generada por la primacía del capital. En el psicoanálisis, es la analítica del dolor psíquico producido inconscientemente por la compulsión corporal-sexual en una sociedad patriarcal decadente. El marco conceptual que habilita una elaboración del nexo entre psicoanálisis y marxismo es una teoría crítica de la abstracción como proceso formativo de la humanidad *qua* humanidad. O más exactamente, de las transformaciones abstractivas que se imponen y entran en crisis con la modernidad global, vigente desde el periodo constitutivo del orden capitalista occidental en el siglo XVI hasta su actual silueta mundial de predominio oriental.

El diálogo productivo entre marxismo y psicoanálisis no es evidente hacia 1914, momento en que Freud considera a su movimiento digno de narrar un itinerario propio (Freud, 1914). Es habilitado políticamente por la Revolución Rusa de 1917: el acontecimiento revolucionario y la posibilidad de una transición al socialismo a partir de ese experimento que es la Unión Soviética condicionan la emergencia de una "izquierda freudiana".

La variante kantiana en el socialismo de la Segunda Internacional o la interpretación de la crítica marxiana como "materialismo histórico" no generan un contexto de diálogo auténtico con el psicoanálisis considerado como "burgués" o "pequeño-burgués", pues este se orienta, presuntamente, al individuo y a su normalización.

A pesar de todos los obstáculos, entonces comienza la historia del vínculo difícil entre marxismo y psicoanálisis, cuya última escena tiene lugar de manera fugaz en los años sesenta, hasta que hacia 1975 se apaga.

La crisis teórico-política del marxismo coincide *grosso modo* con la crisis teórico-cultural del psicoanálisis. El resultado general es que tanto la pregunta sobre el tema *marxismo y psicoanálisis* como la menos habitual de *psicoanálisis y marxismo*, se tornan preocupaciones arqueológicas para amplias franjas del pensamiento crítico.

El marxismo se ve severamente afectado por la derrota global del proyecto revolucionario centrado en la clase obrera y por un discernimiento postmarxista que surge de su propio seno. El psicoanálisis se contrae a la clínica y más tarde se agrupa en un debate con las neurociencias y la oferta mercantil de píldoras de la felicidad.

Quisiera detenerme en ese proyecto radical del cual es imposible callar que la idea de un marxismo freudiano constituye, desde luego en un juicio retrospectivo en el que somos todos perspicaces, un camino sin salida. De Wilhelm

Reich a Herbert Marcuse pasando por Theodor Adorno, los esfuerzos por construir vasos comunicantes entre la crítica de la sociedad capitalista y la analítica de lo inconsciente sexual se paralizan por buenas razones. Eso no significa que amplios tramos de las elaboraciones generadas por ese marxismo psicoanalíticamente informado sean siempre irrelevantes. Lejos de eso, hoy su lectura es tal vez imprescindible. En esta discusión voy a limitarme a proponer una recomposición del vínculo, pero ya no en los términos ensayados durante el siglo XX.

Por razones de espacio, no voy a demorarme sobre qué lectura de Marx y el marxismo considero viable para la discusión. Solo sintetizaré qué no es el marxismo y aludiré a lo que sí es, no de acuerdo a su historia teórico-política sino a lo que se adecua al proyecto en que me encuentro comprometido. Desde allí, avanzaré en la mencionada recomposición del diálogo con el psicoanálisis. Para una discusión más detallada remito a las esclarecedoras elucidaciones, tal vez un poco diferentes de las mías, de Facundo N. Martín respecto de una reinterpretación del marxismo como teoría crítica de la modernidad (2014 y 2018).

El marxismo no reemerge hacia 1850 como una nueva teoría económica, sino como una crítica de las categorías económicas, las universalizadas por la "economía política" en tiempos de Revolución Industrial. No es la celebración de una dialéctica universal, sino la crítica de la dialéctica histórica y dominadora del capital. No es una teoría de la lucha de clases —Marx sabe bien que la interpretación histórica atenida a conflictos de clase es la creación de una cierta historiografía liberal-conservadora—, porque las clases son transfiguradas en el metabolismo de las relaciones de producción capitalista. El marxismo no podría ser el "representante teórico" de la clase obrera, porque esa clase se obrera es tan objeto del metabolismo enloquecido del capital como lo es la burguesía y el resto de las clases y fracciones sociales componentes de la sociedad en que vivimos; desde luego, incluidos quienes se ocupan de la teoría crítica.

Esta afirmación debe ser cuidadosamente distinguida de la tesis de que sin el concurso activo de la clase asalariada no hay transformación socialista posible.

La crítica marxista tampoco es una teoría transhistórica de la historia humana, porque su alcance refiere estrictamente al modo de producción social capitalista. El marxismo no es materialista porque descanse en un fundamento más sólido y determinante que las "ideas", esto es, porque atribuya mayor realidad al teatro de la producción impulsada y socavada por sus propias contradicciones.

Ahora paso a lo que sí es el marxismo, que me interesa hacer dialogar con un psicoanálisis que todavía debe ser definido. El marxismo es materialista por la ya mencionada razón de que no procede de un concepto positivo (un ideal, una esencia, incluso si fuera social como creía el joven Marx), sino de la crítica dialéctica de lo existente. El quehacer teórico es inmanente a su objeto. Surge de la negación de lo realmente operante en una objetividad alienada. Y por eso es crítico, por cuanto lo dialéctico de la realidad no es una formación inherente a la crítica marxista, sino un rasgo constitutivo del capital como sujeto.

La dialéctica no es una lógica transhistórica del ser, la racionalidad contradictoria y dinámica compartida por todos los entes, sino una condición de existencia y de crisis específica de la sociedad capitalista, en la que reside la posibilidad de una subversión revolucionaria de la misma. Por tal razón es que la política socialista no emerge naturalmente de la crítica de la sociedad capitalista, sino que es un salto cualitativo que involucra la práctica cotidiana, la teoría como esfuerzo consciente y la organización social y estratégica de sujetos políticamente movilizados. En consecuencia, no hay continuidad pacífica entre teoría y praxis, sino una relación compleja y en modo alguno lógica. La crítica así entendida, contrariamente a lo que deplora la opinión conservadora, está lejos de ser soberana en su propio campo de ejercicio.

Sé bien que lo recién apuntado es insuficiente para caracterizar al marxismo como teoría crítica. Me interesa subrayar que la teoría de la alienación muta en su seno, a través de una refiguración en el Marx maduro del "fetichismo de la mercancía", como identificación de un sujeto social colectivo que se constituye en totalidad y la reproduce, tanto en sus formas objetivas como en las subjetivas: este es el capital desplegado en mercado mundial. El capital se desarrolla así en múltiples capitales empíricos y figuras que no conciernen a "lo económico" o "lo material", sino al conjunto de entidades mediadas por una lógica común, la "lógica del capital". Esa lógica es la que regula la relación desigual entre el nuevo valor generado por la fuerza de trabajo, la riqueza social de bienes de uso, pero también las subjetividades del mercado, la producción y el consumo, por lo que ya no hay una divisoria radical entre una exterioridad de la materia social y una interioridad de las formaciones derivativas.

La pregunta metafísica de cómo la "infraestructura" impacta en la "superestructura" de ideas e instituciones ideológicas pierde relevancia explicativa. La crítica marxista de la objetividad alienada del capital es inseparable de la analítica de una subjetividad alienada del individuo recluido en su yo y en su cuerpo. Como explica Mariano N. Campos (2016), ya no se trata de la alienación fundante de una distorsión ideológica o una falsa conciencia, sino de un mundo de fantasmas reales desocultados por el análisis a los agentes que lo vivencian en la práctica.

La importancia de la noción del fetichismo de la mercancía consiste en su desesencialización de toda ilusión emancipatoria, esto es, en la historización radical de la subjetividad que renuncia al origen. Sujeto es una categoría situada, a tal punto que incluso no está claramente disponible en el vocabulario de Marx ni en el de Freud. Involucra el reconocimiento teóricamente consciente de la imposibilidad de acceder a una práctica emancipatoria gracias a la restitución de una esencia perdida, de una verdad apagada o de una pulsión redimible de su represión. Es que el fetichismo mercantil no es solo la heteronomía impuesta a los individuos. También constituye la condición de posibilidad de su emancipación. Porque para constituirse en sujeto de una emancipación posible, en la precisa medida en que ese sujeto es dominado por una compulsión universal (la del capital), su liberación es viable solo en términos universales.

Esa es la condena de la izquierda anticapitalista a la "política revolucionaria mundial", lo verdadero del resorte desmesurado del internacionalismo proletario. Pues de otro modo, toda acción progresiva es metabolizada en el sujeto social semoviente del valor-que-se-valoriza. Solo que la universalidad ambivalente de la dominación y la revolución son derivaciones de una misma, contradictoria, lógica de universalización. Esa lógica "abstrae" todos sus objetos, incorporándolos y definiéndolos en sus especificidades, multiplicándolos. Dicho más exactamente, la dialectización procede de un momento anterior a la ecualización del valor de las mercancías en su circulación: se genera en la producción. Por eso, universalidad y abstracción coexisten en la sociedad capitalista con la fenomenología más compleja jamás experimentada en sociedad humana alguna, sin que este enunciado sea incompatible con su opuesto: el que la lógica de la sociedad de la mercancía sea la más simple de las conocidas. Su forma observable es el "enorme cúmulo de mercancías" en que vivimos y la portación universalizada de un precio, de un *quantum* dinerario como cifra de cambio. El dinero no es principio de mediación. Posee la función de expresar una lógica material. Contabiliza la eficacia hipertrofiada de una inédita abstracción social.

La teoría crítica es viable en la exacta medida en que logra representar la aporía concreta de la abstracción social sin, por ende, recurrir a ningún origen. Aunque atenta a las exageraciones de una celebración de la universalidad como tal, el particularismo constituye un error más terminante para el porvenir de la teoría crítica. En tal sentido, continúa vigente la intuición hegeliana del joven Marx respecto a que la condición de posibilidad del comunismo requiere el incremento de la universalidad derivada de la sociedad burguesa, universalidad maniatada por las relaciones sociales de producción de esa misma sociedad.

Dicho esto, el encuentro entre psicoanálisis y marxismo en el siglo XX tiene lugar dentro de un marco teórico minado de dificultades. En primer lugar, porque el marxismo de un Reich reclama un materialismo transhistórico donde lo biológico participa de una concepción de la producción como explotación de la fuerza de trabajo. Y así como el psicoanálisis freudiano es leído en tanto teoría de la represión social sobre las exigencias orgánicas de la satisfacción pulsional, ambos cuerpos teóricos son extraídos de su historicidad para ser remitidos a una concepción naturalista.

En el caso de Marcuse, el paradigma biologicista sufre una modificación sustantiva pero no radical. Utiliza en *Eros y civilización* la noción de "plus de represión" —cuya ausencia en su metapsicología es reveladora de los límites ideológicos de Freud— para incorporar la cuota represiva extraordinaria de la explotación capitalista y, en consecuencia, la inmanencia de una crítica de la explotación con la denuncia de la represión excedente. No obstante, hay en otros textos de Marcuse, como los dedicados a la desublimación represiva, iluminaciones que pueden avanzar en una dirección más interesante, capaz de ofrecer elementos críticos para la sociedad burguesa contemporánea. Por esos desplazamientos argumentativos, Marcuse es hoy más legible que Reich, cuyo traspié en la teoría del orgón no es sino una prolongación de su comprensión de la pulsión. Marcuse habilita una relación entre pulsión, represión, emancipación y estética que excede largamente las matrices decimonónicas del biologicismo, mal aderezadas con una lectura engelsiana de la dialéctica, de Reich (1934).

A pesar de todo lo que el freudomarxismo de la Escuela de Fráncfort hace por un diálogo con la "investigación social", el marxismo freudiano parece haberse extraviado en el mismo sendero naturalizante que Helmut Dahmer señala en *Libido y sociedad* como el atolladero del propio Freud: al privilegiar la dimensión científico-natural en lugar de la social para la explicación de lo inconsciente, contribuye a neutralizar las novedades más radicales del psicoanálisis como teoría crítica de la sociedad (Dahmer, 1973).

Cualesquiera sean las limitaciones de la política vinculada con la genealogía foucaultiana (citaré más adelante una objeción de Rozitchner al respecto), es indudable que el examen de la "hipótesis represiva" es devastadora para la idea de una "revolución sexual" en la que convergen —con matices— Reich, Marcuse y todo el marxismo freudiano. Michel Foucault (1976) destaca que la noción de pulsión es una construcción históricamente situada en las secuelas de la sexología, y sobre todo que la sexualidad no constituye *per se* una amenaza para el orden existente. Es uno de los campos de la constitución del sujeto moderno. Incluso una reformulación spinoziana de Reich, como la desarrollada por Gilles Deleuze y Félix Guattari en *El AntiEdipo* (*Capitalismo y esquizofrenia*), ve mermada su capacidad de convencimiento desde el giro historicista al que Foucault le imprime rigor conceptual (Deleuze y Guattari, 1972). Sin desmedro de ese rigor, es claro que Foucault plantea los límites cada vez más evidentes ocurridos fuera de la sede teórica: el desgaste de las promesas emancipatorias de la "revolución sexual". El que esa genealogía histórica se privase de pensar aquello que no es matrizado por los dispositivos y discursos (Miller, 1988), es una réplica psicoanalítica a la que haré referencia un poco más abajo.

Con todo, hacia 1970 es en modo alguno seguro que las promesas de una sinergia entre psicoanálisis y marxismo estén agotadas. Innumerables textos, en algunos casos triangulados con el pensamiento feminista, ensayan recomposiciones críticas de un proyecto cuyas perspectivas se juzgan aún prometedoras (Rubin, 1975).

Mientras tanto, una reconstrucción del diálogo entre marxismo y psicoanálisis comienza a ser planteado a partir de la lectura lacaniana de Freud. El nombre cardinal aquí es el de Louis Althusser, básicamente por la neutralización del humanismo que desde entonces se impone como premisa de toda discusión. Esta referencia es importante porque recorta una divergencia con los planteos rozitchnerianos que me ocuparán en el próximo apartado. Por razones de espacio, es imposible detenerme aquí sobre la suerte de este proyecto de reconfiguración del vínculo entre marxismo y psicoanálisis a través de Lacan, donde desde Althusser se desprendieron los trabajos de Fredric Jameson y Slavoj Žižek (los he referido en un ensayo precedente).

Planteado con la mayor síntesis posible, voy a exponer, primero, qué del retorno a Freud en Lacan habilita una interlocución con una crítica radical de la dominación visibilizada por el marxismo y, segundo, qué del lacanismo neutraliza dicha interlocución. En ambos planos, la explicación es relevante para ingresar a la comprensión del lugar en la obra rozitchneriana del "psicoanálisis político" (Rozitchner, 1982: 132) que superaría las limitaciones "liberales" de Freud.

Son dos los movimientos conceptuales decisivos en el periodo "clásico" de Lacan, el concretado teóricamente hacia 1953 y vigente hasta mediados de la década de 1960: el suceso del diseño de una lectura de lo inconsciente iluminado por el formalismo lingüístico y la diferenciación entre lo imaginario y lo simbólico. 1953 es un momento de coagulación teórica de temas avanzados hacia 1945 respecto del "tiempo lógico", al que se le imprime la formalización de una escritura. De tal manera, se constituye la dimensión social instituyente de las relaciones intersubjetivas y las subjetivas, configurando lo inconsciente en que circulan las acciones y pasiones humanas (Lacan, 1945).

El resorte imaginario de las interrelaciones diádicas se halla desde el inicio condicionado por una "lógica" (cuya expresión en el *logos* es la del significante) socialmente mediatizada. La identificación imaginaria de y con el otro, cuando hay sujeción, es interceptada por un tercero. Ese tercero no debería ser confundido con un individuo humano interpuesto en la relación de a dos. Si hay un individuo tercero (un padre, por ejemplo), esa terceridad es formal y constituye el momento específicamente social que problematiza la especularidad imaginaria. Siempre está presente porque la existencia del lenguaje implica la eficacia de operaciones en que se despliega la artificialidad de la construcción del sujeto. De acuerdo a Lacan, esa lógica vertebra la temporalidad social y genera una identificación de eficacia retroactiva, *après-coup* (Lacan, 1957).

En varias ocasiones, Lacan insiste en su crítica de la psicologización norteamericana de lo inconsciente. Sin embargo, en la forja del lacanismo clásico, el debate conceptual central está planteado con el psicoanálisis kleiniano de la relación objetal, tal como puede seguirse en la revisión de los primeros seminarios de postguerra. La mediación del lazo objetal se produce gracias a una segunda identificación (que opera lógicamente como primera, inaugural del sujeto como tal) de carácter simbólico. Las fantasías que acompañan al sujeto en su deriva en la tramitación social de la constitución inconsciente son entonces concebidas como productos retroactivos de la operación fundacional de la castración simbólica, huella del acceso de la criatura a la cultura, esto es, a su condición subjetiva.

El sujeto deviene calculable en el sentido de que es instituido en lo inconsciente por una lógica abstracta, formalizable, con restos o saldos que son la incógnita de su deseo: objeto a, objeto perdido jamás poseído, generado por la castración. Lacan lo define en su prosa enigmática como "el sujeto de la ciencia", otro nombre del sujeto del psicoanálisis. Es importante señalar que no hay sujeto previo a su inscripción, siempre fallida, inconsciente. ¿Esa inscripción fallida es histórica? Responder a esto constriñe a tratar, así sea brevemente, el difícil problema en Lacan de la historicidad del sujeto.

Lacan plantea en "La ciencia y la verdad" (1965: 858) que el sujeto del psicoanálisis es "el sujeto de la ciencia". Esta aseveración es leída de dos modos diametralmente opuestos. Teresa Brennan (1993) juzga que el sujeto sobre el que teoriza Lacan data de la época moderna, y que es hegemónico desde el siglo XVII occidental. Jean-Claude Milner (1995) rechaza este tipo de argumentación historicista y defiende que la ubicación postcartesiana del sujeto lacaniano se debe explicar por características estructurales y no por situaciones históricas. Este asunto es crucial para la comprensión de la relación de Lacan con la temporalidad y la historiografía. Aquí la comparación con la obra de Michel Foucault presta quizás su mejor inteligencia. Como señala Milner, Lacan es un pensador que continúa la tradición francesa de la historia de la ciencia. El desarrollo de la ciencia no debe su historia al éxito progresivo en el camino hacia el conocimiento de la realidad íntima de las cosas, sino a los obstáculos y las rupturas epistemológicas que acosan a todo dispositivo de saber. La ciencia, pretende Lacan, no tiene memoria (1965: 869). El Foucault del periodo arqueológico se emparenta con la tradición francesa, pero no pertenece totalmente a ella cuando explicita sus resguardos metodológicos.

Lacan opera una torsión particular en el discontinuismo historiográfico francés al declinarlo en diferencias estructurales. La tesis de Lacan es que las rupturas se definen por la relación del sujeto con el lenguaje. En una clase del seminario *El objeto del psicoanálisis*, Lacan invita a Foucault para discutir su interpretación de *Las meninas* de Velázquez que hace de exergo a *Las palabras y las cosas*. Entonces Lacan inquiere la noción de *episteme*. En efecto, la *episteme* define un horizonte heterogéneo, pero reconocible, de principios articulados en una época determinada. Frente al historicismo foucaultiano, Lacan pregunta si no hay problemas de larga duración supuestos para el ser hablante de modo tal que, con relación a los antiguos griegos, "no podemos no partir del pensamiento [de] que, exactamente los mismos problemas, estructurados de la misma manera, se situaban para ellos como para nosotros" (seminario 1965-1966, clase del 18-5-66). Con ello, Lacan cree seguir solo en parte, *non pas simplement*, a Heidegger, para quien la esencia de la verdad se sitúa siempre de la misma manera, y la diferencia reside en la divergencia en que es rechazada. ¿Cómo comprender esa relación con la verdad en la Grecia clásica? Lacan responde que es imposible hacerlo con un procedimiento hermenéutico. Solo es viable desde una aproximación estructural. En otros términos, lo determinante es la relación con la palabra fuera del corsé de la comunicación. Más exactamente, en la elucidación de cómo la palabra intenta suturar la falta fundamental de todo sujeto, ese resto de lo real que nunca puede ser cabalmente simbolizado. ¿Esto supone la ahistoricidad? Veamos la respuesta de Lacan al dilema entre repetición y emergencia histórica en la transferencia:

> No se trata ahora de saber si la repetición es o no una categoría dominante en la historia. En una situación hecha para interrogar lo que se presenta a partir de la estructura, todo lo relativo a la historia se ordena únicamente por la repetición. Se trata, repito, de lo que puede decirse en el nivel de la puesta a prueba de los efectos del saber en el análisis (1968-1969: 317).

El argumento de Lacan es exactamente el mismo que el utilizado contra Foucault. La noción de transferencia es una manera moderna de aprehender los términos de una estructura repetitiva.

El sujeto es, siempre, sujeto-de-lo-inconsciente, producido por el fundamento sin fundamento. Por lo tanto, no es viable imaginar un sujeto sin lo social, sin lo inconsciente, el que debería ser emancipado de sus dependencias para regresar al origen de un sí mismo presocial. Esto no significa que esas dependencias deban ser absolutizadas. De hecho, como he mencionado recién, las inscripciones lacanianas son por definición fallidas, están sometidas a la inconsistencia decisiva que aqueja a los significantes de la identificación. Otra vez en su jerga, en el seminario *El deseo y su interpretación* Lacan improvisa al decir: "no hay Otro del Otro". Si es entonces pensable una emancipación de lo inconsciente dañino para las potencias vigentes en el sujeto socializado, ello no puede surgir sino de la construcción cultural o política de una nueva vida artificial.

La única emancipación prohibida es la del lenguaje, aunque por cierto no todas las relaciones con el lenguaje, ni la eficacia social del lenguaje, dejan de ser ellas mismas históricas. Pero atención: es esto mismo lo que el clasicismo lacaniano hace impensable (no exploro entonces los giros nocionales de Lacan después de 1964 en torno a la pulsión, el goce y lo Real, ausentes en las lecturas rozitchnerianas del autor de *Écrits*). Me explico.

En Freud, las formaciones de lo inconsciente están preñadas por diferentes temporalidades. A eso se refiere cuando dice que lo inconsciente no tiene tiempo, es *zeitlos* (Freud, 1915). No afirma que lo inconsciente está fuera del tiempo, sino más bien estipula que se conjugan en él múltiples temporalidades. Algunas de ellas remiten a los tiempos arcaicos sedimentados en el Ello, ciertamente mezclados con otros archivos situados en cronologías mucho más recientes. Esta coexistencia compleja de temporalidades es central en la concepción del psicoanálisis porque visibiliza las deudas de larga duración de lo inconsciente con el monoteísmo, la dominación masculina y el patriarcado, sin las cuales la universalidad edípica es ininteligible. Pero en este momento es preciso advertir que Freud otorga primacía al análisis "ontogenético", individual y biográfico, sobre una determinación filogenética que considerada en soledad es confusa. En efecto, la confusión del *factum* patriarcal con el *fatum* del sujeto exige la autocrítica de las derivas apologéticas que amenazan al psicoanálisis en constituirse en una verdad del sexo y del sujeto, verdad que expresa las exigencias de aquella dominación. Derivas que no es difícil mostrar historiográficamente a lo largo de su recorrido secular y que ha sido con buenas razones objeto de las críticas feministas y *queer* del psicoanálisis.

Aquí emerge un problema en el presentismo de la eficacia identificatoria en que Lacan resuelve, en la retroactividad del *après-coup*, la multiplicidad temporal de la *Nachträglichkeit* freudiana. Por razones advertidas en un ensayo previo de este libro, entiendo que si se trata de reconstruir el diálogo activo entre psicoanálisis y marxismo, sobre este punto debemos preservar la utilidad de los planteos freudianos, injusta y rápidamente cuestionados por Claude Lévi-Strauss en el capítulo final de *Las estructuras elementales del parentesco* (1949).

Marxismo y psicoanálisis comparten la problemática de una dominación abstracta, que asume la materialidad aparente de lo menos abstracto, el trabajo asalariado y la relación sexual. Ambas materialidades son "fetichistas". El sujeto se encuentra incorporado a un juego objetivo presidido por una lógica enajenada. Esa lógica no es impenetrable para la acción consciente. Se la puede actuar sin mayores dificultades y admite repeticiones con desplazamientos. Es lo que la teoría *queer* entiende y prolifera con la noción de performatividad. Solo que el sujeto no sabe qué es lo que *efectivamente* hace, puesto que está inscripto, surge como tal, en la práctica del trabajo (en las clases) y en la del deseo (en el sujeto sexuado). No es que no pueda producir o gozar de múltiples maneras. Es que esos actos se encuentran inscriptos, como una pieza en una máquina, en dispositivos ajenos y semovientes, sean el capital o las formaciones de lo inconsciente.

La crítica de la dominación social por el capital y lo inconsciente es postfundacionalista porque no se puede retroceder, es imposible regresar, a ninguna condición antediluviana de libertad primigenia. Mi tesis es que el carácter *social* en ambas dominaciones no coincide por azar. Existe una conexión interna entre lógica del capital y lógica de lo inconsciente. El enigma que la investigación debe resolver es cómo se vinculan *históricamente* ambas lógicas. Una clave reveladora del asunto reside en la historia del dinero, en la historicidad económico-afectiva de lo dinerario. Sobre esto no debemos perder de vista que la abstracción del dinero no es sino el desarrollo *in extenso* de la equivalencia de las mercancías en la sociedad del capital. A la vez, es seguro que tanto la circulación dineraria como su premisa (la abstracción entre los productos intercambiados) exceden la cronología de la sociedad capitalista. Ante la imposibilidad de explorar en este lugar la cuestión, me restringiré a su precondición más general: la abstracción.

Según señala Marx en los *Grundrisse*, las categorías de la sociedad burguesa se caracterizan por su inédito *grado* de abstracción. Lo mismo ocurre con la abstracción que el lenguaje presupone. Pero es a la vez notorio que la abstracción ha sido una condición que —aunque no se mantuviera siempre igual a sí misma— acompañó, de maneras que debe esclarecer la historiografía, la construcción de las culturas humanas hasta el advenimiento de la "historia universal" del dominio capitalista. Esa historia de variadas duraciones es inseparable de la emergencia de la abstracción monoteísta, un punto de inflexión simbólica en la historia humana, o más bien precondición de una "historia humana" que con todo solo deviene representable en la modernidad burguesa. Sucede que las historias del monoteísmo, como la del dinero, poseen cronologías irreductibles a la temporalidad restringida de la lógica capitalista. Algo similar sucede con las cronologías de la historia del lenguaje. Si me parece importante recuperar los derechos de la *Nachträglichkeit* freudiana ante el *après-coup* lacaniano, ello se debe a que en Freud la diversidad de tiempos que desgarra a lo inconsciente jamás niega la función de la *construcción* en el presente de la clínica (Freud, 1937).

¿Cuál es el déficit crítico de la concepción estructuralista del lenguaje en Lacan (concepción diferenciable de su entendimiento postestructuralista del sujeto)? La dificultad lacaniana reside en que licúa dos particularidades decisivas en la comprensión del psicoanálisis en la teoría crítica. En primer lugar, al deshistorizar el lenguaje bajo el paradigma del *langage*, desconsidera el nexo singular de la alienación del sujeto del lenguaje con la prevalencia de lo objetivo en la sociedad capitalista. Si el lenguaje supone un proceso de abstracción simbólica en la larga duración, y por lo tanto nunca hubo ni habrá una reapropiación de una mitológica correspondencia con lo real, la aparición del capital como sujeto social involucra efectos severos en la ajenidad en que se configura lo inconsciente. Esa ajenidad no es mera pérdida, pues también la universalización es precondición de la individualización, de la igualdad y de la posibilidad del comunismo.

En segundo lugar, consagra en términos de simbolismo prolongadas dominaciones tales como las relativas a lo masculino y lo patriarcal, instauradas en términos de funciones abstractas. En contraste con la ofuscación apologética del *après-coup*, los textos freudianos perduran como crisoles de temporalidades múltiples en interacción.

La vertiginosa intersección de temporalidades de corta, media y larga duración en la historia del lenguaje, a la vez que de heteróclita proveniencia, es central en la invención freudiana. Alguna vez he denominado a tal complejidad *el problema de la historia* en Freud (Acha, 2007). Para evitar una interpretación humanista, es necesario reconocer con Saussure y Lacan que el desfasaje entre significado y significante posee una vertiente estructural, transhistórica, y una vertiente específica, históricamente peculiar. Mas el alcance del lenguaje en Lacan debe ser explicado porque, como explica Michel Arrivé (2001), mientras la pregunta lingüística saussuriana se dirige a la arbitrariedad del nexo entre significante y significado, la interrogación lacaniana interesa a la eficacia del significante como tal. Por eso el psicoanálisis lacaniano no apela a una "hermenéutica" del sentido, incluso si es "latente".

En lingüística estructural, la arbitrariedad de la vinculación entre significante y significado es transhistórica en la medida en que proviene del esfuerzo lingüístico por referir, aludir, calificar y crear objetos reales o imaginarios, entre los cuales se cuentan también las producciones lingüísticas. El uso del lenguaje es siempre poético. Las latitudes poéticas de la producción lenguajera alcanzan sus clímax en la pretensión positivista de usos solo literales y en la pretensión de precisión lógico-semántica en la filosofía analítica. No hay adecuación preestablecida ni conquistable entre la serie de objetos del mundo y la serie de enunciados lingüísticos producibles. El lenguaje en Lacan tampoco es huella. En contraste con el horizonte semiótico saussuriano, el significante lacaniano es tan o más material que el cuerpo que inscribe en el lazo social. Las consecuencias de la "lingüistería" lacaniana son ambivalentes para el proyecto de este libro. Por un lado, el materialismo inclaudicable del orden simbólico captura adecuadamente la deuda de lo inconsciente freudiano con la objetividad alienada y con la intransferible intimidad del sujeto, propias de la modernidad. Por otro lado, anula de un tajo toda problematicidad de las temporalidades históricas.

El uso del lenguaje (en el habla, en la escritura) es fundamentalmente dinámico e inacabable. El significado se genera en el uso, tanto en la inscripción como en la lectura o cita de los significantes. Pero ciertos significados asociados a ciertos significantes, a pesar de su arbitrariedad, también poseen relaciones sancionadas por las pragmáticas heredadas. Inestables y polémicos, los vínculos heredados entre significados y significantes operan sobre las alternativas prácticas de la mediación lingüística de lo real por los sujetos. No podemos desprendernos tan sencillamente del *problema del signo*, que Freud asocia al *simbolismo*. La vertiente históricamente peculiar del desfasaje entre significante y significado obedece a las condiciones concretas de los usos del lenguaje en una configuración social dada, constituida esta por la gramática eficiente y las relaciones sociales extralingüísticas. Por lo tanto, sin ser jamás escindida respecto de su pertenencia al plano estructural de arbitrariedad de significante y significado, debe ser cuidadosamente distinguida de la misma.

Una vez planteada la complejidad de temporalidades viabilizada por un nexo sistemático entre psicoanálisis teórico y marxismo a la luz del concepto de abstracción, es decisivo subrayar que los cuerpos conceptuales nunca logran acoplarse sin rebordes. La multiplicidad de temporalidades también afecta al propio marxismo, de una manera sensiblemente diferente. Descartada la interpretación como "materialismo histórico", se contrae la capacidad analítica y crítica del marxismo a la sociedad capitalista, alcanzando a lo sumo sus fases tempranas de fundación compulsiva y violenta hasta la actual globalización, en una cronología que requiere matices de acuerdo a la zona del planeta considerada. Esto significa que la investigación marxista no incumbe a las eras precedentes, aunque como señala Marx en los *Grundrisse*, la abstracción alcanzada por algunas categorías en la sociedad capitalista (como valor, dinero, mercancía) admite un uso teorizado para el conocimiento de otras formaciones sociales. Por otra parte, la historización de la abstracción social capitalista exige un conocimiento de la historia en la larga duración, un conocimiento que, desde luego, no puede ser solo marxista. Eso ocurre, por ejemplo, en el "marxismo latinoamericano", el que se malogra si anula el hecho de la conquista europea, la dominación colonial y las largas duraciones culturales y sociales irreductibles a las solas temporalidades europeas sedicentes universales.

Sería un gran error aplicar a esta temática la noción de subsunción formal y real, según la cual la lógica del capital incorpora, primero en términos de yuxtaposición y luego en términos de funcionalización, las duraciones lingüístico-simbólicas, reduciéndolas a meros engranajes de reproducción de la extracción y apropiación de excedentes dinerarios. Un estudio de la larga duración, por lo tanto, no podría ser enteramente marxista a riesgo de proyectar indebidamente categorías modernas a configuraciones históricas bien distintas. Por eso se requiere el concurso de otros saberes, como los de la antropología, la lingüística comparada, la sociología histórica, la arqueología, la economía... La persuasión de que la teoría de izquierdas requiere una crítica de las ciencias sociales, y ya no solo —como en tiempos de Marx— de la economía política, es un asunto que no trataré aquí.

El marxismo freudiano de León Rozitchner

Establecido lo anterior, debo insistir en que esta colocación del psicoanálisis en la obra de Rozitchner es parcial, orientada a intersectar los temas planteados en la presente investigación en curso sobre el asunto marxismo/psicoanálisis. Por eso la lectura es arbitraria y forzada a adecuarse a las exigencias de mi propio proyecto. No creo, con todo, que el sesgo dañe una inteligencia apropiada del planteo rozitchneriano, ni que se separe radicalmente de la inexorable arbitrariedad requerida, según palabras del propio Rozitchner, para hacer cualquier cosa.

El propósito del marxismo freudiano de León Rozitchner consiste en proveer una teoría para la carencia en la cultura política de las izquierdas en su país, la Argentina, que me temo sigue siendo relevante: una concepción que permita eludir el Escila de un racionalismo iluminista descorporizado y el Caribdis de una entrega acrítica al imperio de los mitos populistas (Rozitchner, 1966).

Rozitchner historiza marxistamente su argumentación en *Freud y los límites del individualismo burgués* (1972) al definir que el sujeto del psicoanálisis es un sujeto, justamente, burgués. Pero antes que una denuncia de la incorporación social sin negatividad como ocurre en *El hombre unidimensional* marcusiano, Rozitchner enfatiza el carácter violento —y no solo esencialmente simbólico— de la dominación y

de todo proyecto emancipatorio que aspire a cuestionar-
la. Al respecto, cabe recordar en Rozitchner una lectura
de la teoría de la guerra de Clausewitz como concepción
de la violencia, en último análisis política, constitutiva de
lo social.

El argumento central de la interpretación rozitchneriana de Freud en 1972 distingue dos escisiones o distancias
constituyentes del sujeto burgués, del "individuo": una *distancia interior* que somete al yo a la crítica superyóica, y una
distancia exterior que sustrae al sujeto de la colectividad. En
el primer caso, Rozitchner sigue paso a paso la explicación
freudiana de *El yo y el ello* sobre la génesis de las instancias
psíquicas en la segunda tópica.

La *distancia interior* configura el tránsito del narcisismo
originario al sistema psíquico diferenciado en el cual, tras la
resolución del conflicto edípico, el sujeto ocupa una posición en el régimen social regulador de la diferencia sexual.
No hay solo un inconsciente reprimido que ha operado
el pasaje de la representación-cosa a la representación-
palabra. Hay también un represor inconsciente, superyóico,
que ejerce una censura paterna sobre el lazo entre el niño
y la madre. La amenaza simbólica veda el acceso carnal a
la madre instaurando la fractura interna, como enseguida
veremos, inseparable de la externa; esto es, de la escisión
del individuo respecto de la colectividad. Es decisivo en
Rozitchner que el carácter inconsciente y simbólico opere
en cuerpos agentes, no se instancie como estructura exclu-
sivamente inmaterial.

La colosal diferencia entre el poder represor y el niño
reprimido no extirpa el antagonismo. Inhibe la agresión
retrovirtiéndola a través del asesinato e ingesta imaginarios,
de apoyo oral, por los cuales se asesina e incorpora al padre
como en el acontecer de la horda primitiva. La criatura
vivencia esa agresión como real y da estatura a la confusión
entre imaginario y real que es la cifra de su dominación.
El poder del padre se inscribe en la "interioridad" como

instancia psíquica. Se trata así de una contención de la agresión y una elisión del conflicto, devenido en amor filial por el padre y renuncia a la unidad inmediata con la madre.

En paralelo, se constituye una *distancia exterior* ante la cual la brecha *interior* no es indiferente. Por el contrario, es tan constitutiva de la subjetividad como lo es la amenaza edípica. Aquella es la distancia implantada por el sistema de producción social capitalista, el que demanda la forma laboral asalariada, la ruptura de los lazos de comunidad y por ende una formación abstracta, individual y económica del sujeto. La fuente esencial de Rozitchner al respecto es el fragmento de Marx sobre "Trabajo alienado" en los *Manuscritos económico-filosóficos*, pero también en el capítulo sobre "la llamada acumulación originaria" de *El capital*.

Se entiende por qué Rozitchner discrepa de los antihumanismos de Althusser, Lacan y Foucault. Para Rozitchner el individuo neurótico y el trabajador asalariado proceden de dos procesos paralelamente constituidos que se entrecruzan, como acontece con las "series complementarias" freudianas. Su coextensividad fundamenta el encuentro entre psicoanálisis y marxismo, por lo que, según Rozitchner, Freud desarrolla la "crítica más dramática e irrefutable del individualismo burgués" (1972: 68). Ahora bien, debe ser dicho que el análisis de Rozitchner es represivista. Supone un *quantum* de satisfacción en la unidad niño/madre que es interrumpido por el poder patriarcal en el seno familiar y una potencialidad genérica frustrada por la burguesía en el ámbito social.

En ambos casos, se trata de una oposición entre sujetos humanos (niño/padre, individuo/burguesía), y no solo de una contradicción descorporizada. Como ya recordé, de acuerdo con Rozitchner un notorio déficit en la cultura de izquierda consiste en su carencia de una teoría del sujeto. Es una ausencia que la conduce a asumir acríticamente (e incluso exacerbar) los valores burgueses, por ejemplo, con el ascetismo revolucionario. La izquierda no percibe que la dominación individual está ya imperando en la *forma* individuo como tal: el agente del orden más solícito parasita a la política revolucionaria.

Rozitchner es coherente al sostener la orientación represiva, pues defiende —contra el althusserianismo y el lacanismo tal como los interpreta— que las eficacias simbólicas son inescindibles de una *carne sensible* sobre las que operan. El *cuerpo* resiste. No se amolda sin salientes a los mandatos de la *identificación* (Lacan) o de la *interpelación* (Althusser). Rozitchner retoma el *dictum* spinoziano sobre nuestra ignorancia respecto de "lo que un cuerpo puede", eso que nunca podríamos saber del todo, para rebatir lo que deplora como una licuación del cuerpo en el significante. Más aún, el modo estructural de explicar la formación del sujeto del inconsciente olvida el escándalo de que el represor habite en el mismo sujeto, y que instituya una "prolongación de lo sensible en lo racional" redundante en "un ser disminuido" (1972: 52). Contravenir la doble represión en las dos distancias entraña representarla como "historia", como un proceso de individualización y culpabilización. La reinscripción en una historia —precisamente, disuelta en la lectura estructuralista de Freud— habilita la posibilidad de percibir cuánto se ha cedido en el proceso del devenir sujeto.

El enigma del psicoanálisis (¿qué es un sujeto de lo inconsciente?) y el enigma del marxismo (¿qué es el capital como sujeto social?) confluyen en la modernidad. Rozitchner lo elabora en una sección intitulada "Edipo e historia", donde despliega una crítica del familiarismo psicoanalítico:

> A la familia primitiva de la horda sucede ahora el complejo sistema de la sociedad industrial capitalista, y el sistema de relaciones que lo regula es, para nosotros, la lucha de clases y la dependencia imperialista que todo lo penetra y todo lo ordena en una dependencia feroz y sanguinaria (1972:249).

Pero en contraste con la refutación que Deleuze y Guattari ensayan exactamente en el mismo año, el Freud de Rozitchner no consagra la edipización. Por el contrario, expone críticamente su lógica de dominio.

Para Rozitchner, el Edipo es necesario para esclarecer cómo el capitalismo opera en la producción subjetiva y cuáles son las exigencias para combatirlo (y esa es la fuente de la ceguera de clase de los psicoanalistas):

> El Edipo, en tanto tal, es una forma de acceso universal, pero su modo de solución dependerá en cada caso del sistema histórico que determina férrea y necesariamente a cada subjetividad en relación con la comunidad en la que lo incluye (1972: 250).

Si el Edipo, además del familiarismo, tracciona al modo de producción de subjetividades, para Rozitchner la confabulación arcaica de los hermanos asesinos del *padre primitivo* persiste como potencialidad en la lucha de clases (1972: 139). La paradoja consiste en que generar una lucha de clases orientada a demoler el sistema dominante involucra la formación de una masa revolucionaria reinstituyente de un "padre". Una interpretación de *Psicología de las masas y análisis del yo* permite a Rozitchner estipular una variante al dilema de que toda configuración de masa exija el soporte identificatorio de un líder. Freud elabora en detalle las formaciones de masas espontáneas y artificiales. En ambas, la constitución de un nosotros fraterno requiere una figura de identificación paterna (1972: 478-480). Solo al pasar menciona Freud a la masa revolucionaria, en el capítulo tres de *Psicología de las masas*. La configuración revolucionaria de la masa es un intríngulis, pues no puede disolverse en el irracionalismo de la multitud espontánea y enfervorizada de Gustave LeBon. Cuestiona el conjunto del sistema de poder. Pero no es espontánea. Es insuficiente liberarla de las cadenas que la contienen. Su construcción no prescinde de una identificación, de incorporar en cada individuo un padre colectivo. Según Rozitchner, la característica del líder revolucionario consiste justamente en cumplir una función de referente y de síntesis de la masa insurrecta (1972: 506). Es el facilitador de una praxis destituyente de su propio lugar dominante.

En una recolección de conferencias publicada en 1982, *Freud y el problema del poder*, Rozitchner encara una actualización de su interpretación del psicoanálisis. En tiempos de derrota política y exilio, los entusiasmos del *Freud* de 1972, escrito a lo largo de la década de 1960, están severamente dañados. Por otra parte, también el escenario intelectual es otro, donde apagado el althusserianismo, el contendiente principal no es tanto el lacanismo como la microfísica foucaultiana. Esto significa que no se trata ya de ofrecer una lectura del psicoanálisis alternativa a la opción estructuralista, sino de establecer la persistencia del psicoanálisis como teoría dialéctica radical.

En contraste con las expresiones postmarxistas que abogan por un pluralismo teórico y conceptual, Rozitchner plantea una sospecha sobre las consecuencias políticas de la genealogía de la totalidad en Foucault, al preguntarse si

> el énfasis puesto en la diseminación del poder, en su "microfísica", ¿no significa esto al mismo tiempo un retorno de lo colectivo —lo macro— hacia lo individual, es decir, hacia lo que respecto de él resultaría como lo micro, lo corpuscular? (1982: 14).

Por el contrario, sin una apología de la totalidad, Rozitchner preserva el planteo original de su *Freud*: "Nuestro objetivo consiste en mostrar cómo ese 'aparato psíquico' no es sino el último extremo de la proyección e interiorización de la estructura social en lo subjetivo" (1982: 15).

La interiorización de la estructura alcanza su eficacia por la forma en que matriza al cuerpo, corporalidad que en Rozitchner no debe ser escindida de un pensamiento o psique, y así remitir a un dualismo cristiano-cartesiano: "En

Freud se trataría de explicar la estructura subjetiva como una organización racional del cuerpo pulsional por imperio de la forma social" (1982: 18). Y en el mismo sentido: "nuestro aparato psíquico, aquel que nos proporciona nuestro propio funcionamiento como sujetos, es congruente con la forma de aparecer de los objetos sociales" (1982: 22). Lo que vengo de citar es una observación fundamental, pues rechaza cualquier distinción propia de un concepto ingenuo de ideología en el que se diferencie sustantivamente el orden de la aparición de aquel de su realidad velada. Para Rozitchner, la fenomenología de las formas sociales requiere el ajuste de los sujetos a su perpetuación como tales, extirpados del contorno materno. Mas del campo de batalla perduran reminiscencias del amor arrebatado.

La criatura contraataca en la fantasía de la muerte del padre. Pero podría también hacerlo como sueño revolucionario. Porque si el padre prohíbe un cuerpo autorizando la exogamia, la interdicción del cuerpo materno alimenta las fantasías "arcaicas", por eso mismo inolvidables. Ese plano argumental respalda la detracción del sociologismo lacaniano. Lo que denominamos "social" es entonces el "resultado de un debate, de un conflicto donde la forma de lo social triunfa —y no siempre— sólo bajo el modo de una transacción" (1982: 19). Hay lucha y el sujeto no es "el dulce ser angelical llamado niño, tal como el adulto lo piensa, que va siendo impunemente moldeado por el sistema sin resistencia" (ibídem).

Es también por la "forma" que Rozitchner cita la dialéctica social crítica del marxismo, participando así de la hermenéutica que de Isaak Rubin a Alfred Sohn-Rethel destaca la importancia de lo formal en la dominación social. Escribe Rozitchner: "Marx, es sabido, caracteriza al sistema capitalista por la contradicción fundamental entre capital y trabajo asalariado. [...] Esta contradicción, expresada como máxima simplificación, determina también la forma de los sujetos" (1982: 21). Solo que esa formalización tiene un límite spinoziano en la noción de cuerpo como asiento de *verdad histórica*, es decir, como espacio y posibilidad de un combate que es a la vez de sometimiento y rebeldía. El ser humano es una "materialidad histórica, cultural, consciente" transformada por el trabajo, y que por este "adquiere y revela su sentido". He allí el rasgo *contornista* perseverante en Rozitchner, el núcleo corporal del sujeto:

> es el propio cuerpo personal el lugar donde el debate histórico plantea su contradicción, que será por lo tanto contradicción vivida, contradicción histórica subjetivizada, convertida en destino personal. Lo cual no quiere decir, como veremos, que lo exterior y colectivo se le oponga, sino por el contrario, que esta subjetividad debe recuperar la materialidad del campo histórico, los otros hombres y su actividad colectiva, como único despliegue efectivo de la propia. Por lo tanto: prolongar su cuerpo en el cuerpo común de los demás hombres (1982:26).

Entiendo que la referencia al cuerpo es crucial en la discusión con Lacan y Foucault. Con el primero, por lo que llamé el sociologismo lacaniano según la lectura rozitchneriana que coincide con varios intérpretes (Zafiropoulos, 2002), pero a mi juicio errónea como caracterización general, según la cual en Lacan el sujeto es funcionalizado sin residuos para adaptarse a las exigencias sistémicas. ¿No es acaso el núcleo de la teoría lacaniana clásica del sujeto el que lo deriva de los rebordes y detritos de las identificaciones? Como sea que fuere, según Rozitchner el énfasis en el proceso identificatorio involucra

la negación del propio deseo como caución para incluirnos en la historia y en las relaciones con los demás. Y con ello la negación y el alejamiento de una experiencia primordial que tiene al propio cuerpo como lugar donde ésta se elabora (1982: 36).

La memoria corporal de la represión es lo que el lacanismo desconoce al privilegiar la operación de identificación (1982: 36), en su interpretación "encubridora" donde "impera el determinismo absoluto de lo simbólico como término" (1982: 50). En la polémica con ese determinismo es que la interpretación rozitchneriana de Freud quiere ser también una teoría del contrapoder.

He aquí una dificultad. Investigaciones contemporáneas nos advierten que el cuerpo no es el principio autónomo de un sujeto (Haraway, 1995; Braidotti, 2015). Tampoco podría serlo desde el propio Rozitchner si ponemos en suspenso la presunta naturalidad del cuerpo individual, separado de las posibilidades de lo colectivo y sin obligarnos a una dicotomía estática entre naturaleza y sociedad. El cuerpo es una construcción histórica en la que no necesariamente se disuelve el vínculo con la naturaleza de nuestros comienzos animales. Es imposible ahondar en este lugar sobre lo que he denominado la "antropología filosófica" en la obra de Rozitchner que descubre en ese continente, el cuerpo, un fondo opaco de resistencia al poder entendido como exterior (Acha, 2012). Me veré obligado a regresar al tema, sin embargo, a propósito del materialismo del ensueño.

Lo que me interesa destacar es la dificultad que una antropología libertaria involucra para responder adecuadamente al antihumanismo foucaultiano. Y, en un sentido parecido, a sobreponerse con éxito a los reproches habermasianos respecto de que en Marx está ausente la dimensión del lenguaje, lo que anularía la posibilidad de fundamentar una alternativa a la reproducción de la dominación en el plano del trabajo (Habermas, 1968).

Sucede como si en Rozitchner obrara una deflación del lenguaje en la constitución del sujeto, en su dominación, pero también en las potencialidades de la elaboración de sus mitos. Introducir más sistemáticamente la vigencia del lenguaje (tal vez, ya no como la eficacia simbólica de Marcel Mauss que sigue Lacan hasta el traslado de su seminario a la École Normale Supérieure), hubiera neutralizado una oposición estabilizada entre lo imaginario de las ilusiones y la transparencia agónica de lo real. La ajenidad radical del poder se transpone de igual manera en el plano individual como en el pasaje al entramado social:

el poder exterior presente en el Estado, por ejemplo, ya no es un padre. El poder está omnipresente en todas las relaciones que establezco con la estructura social, las organizaciones y las leyes represivas que el sistema organizó para que toda satisfacción que persiga lo sea dentro del mantenimiento de sus límites (1982:40).

Pero es justamente esa la convicción que hace fracasar al freudomarxismo y que, con razón, Žižek (1991) encuentra neutralizada en Lacan cuando recuerda en este el mandato de gozar como reverso de la identificación. Es que, en la valorización del capital, las configuraciones relacionales entre los cuerpos y las significaciones pueden ser eventualmente aceptadas en tanto ingresen a la acumulación dineraria. Incluso la locura es apta para alimentar al valor-que-se-valoriza.

No obstante estas objeciones, me obstino en la lectura de Rozitchner por su talante radical, por su voluntad de proseguir una lectura de Marx y Freud que no está agotada. La concomitancia entre generación del sujeto de lo inconsciente (con sus deudas con el monoteísmo y el patriarcado) y la forma social capitalista provee una de las más sofisticadas formulaciones freudomarxistas jamás pensadas. He dicho que hay un eslabón ausente entre ambas cuestiones: el lenguaje. Tal vez el rechazo integral del estructuralismo haya inhibido una incorporación más dinámica de sus proezas intelectuales, imprescindible para detectar sus zonas ciegas.

Hay una razón política fusionada con las preferencias teóricas. Rozitchner se afianza en un supuesto hoy más que nunca defendible, conceptualizado históricamente en el segundo ensayo de este libro a propósito de lo revolucionario:

La sociedad histórica excluye de su origen un saber fundamental: la rebelión colectiva como fundamento del poder, y la eliminación de cualquier obstáculo que se oponga a la igualdad y a la semejanza de los hombres sometidos, aun cuando ese lugar de la dominación estuviese en ejercicio por el ser más próximo y más querido (1982:44).

Es también Rozitchner, apelando nuevamente al Freud de *Psicología de las masas*, quien sabe que esa recuperación del "poder expropiado" debe hacerse tanto en lo individual como en lo colectivo, y que lo colectivo es generado en la identificación con un "padre" que posibilita la igualdad entre los hijos. Esto quiere decir que, aunque Rozitchner no lo reconozca explícitamente, es una maniobra en el seno del poder la que habilita un contrapoder universal, el de la igualdad. Por eso es que la igualdad universal deviene "prejuicio" en la sociedad de la mercancía, espacio al mismo tiempo mediado por una dominación dialéctica y por la eventualidad de pasajes revolucionarios al comunismo.

La igualdad abstracta de las personas "independientes" traficantes en el mercado como "iguales", me parece, ha sido inmejorablemente expresada por Rozitchner a propósito del "sujeto fetichista" (1982: 80-81). En efecto, el capítulo primero del volumen inicial de *El capital* es a la vez una explicitación de la mercancía como célula social y una teoría de la "subjetividad" en la sociedad capitalista. He aquí un pasaje decisivo, pues además de la objetividad del sistema productor, apunta Rozitchner, Marx descubre el mundo imaginario-real que acompaña al sistema de las mercancías fetichistas, animadas. Para que esos productos sean fantasmagóricos es preciso que las relaciones sociales también lo sean. Es un mundo donde

> los hombres aparecen, como creaturas de dios, como autómatas dotados de vida propia, sin deberle nada a los demás. Por eso el cristianismo con su culto del hombre abstracto, nos dice Marx, es la forma de religión más adecuada para una sociedad productora de mercancías (1982:82).

La referencia al cristianismo como la religión de la abstracción —más tarde precisa su nombre en el "catolicismo" (Rozitchner, 2015)— revela otras vetas en la biblioteca rozitchneriana: la crítica del monoteísmo cristiano, que posee un nexo conceptual con el psicoanálisis patriarcal del lacanismo, y hasta cierto punto con el freudismo. Como "religión del padre", el cristianismo reprime las fantasías de la madre más afín a otro monoteísmo, el judío, donde el afecto y la unidad no son situados desde el inicio bajo el imperio de la culpa, donde el cuerpo no es fatalmente degradado contra la metafísica de un mundo ideal.

La tesis es crucial para una recomposición de la investigación radical, pues establece un puente conceptualmente consistente con la crítica de la religión y del patriarcado, con todas las consecuencias que el feminismo ha enseñado a percibir durante los últimos decenios. En la oposición entre la abstracción cristiana y la afectividad materna del judaísmo, sobreviviente en Spinoza y Freud, retorna la antropología filosófica de Rozitchner. Procura así una teoría del regreso al regazo materno, un seno constituido como tal solo en cuanto es contrapuesto a lo social para instaurarse como reborde mítico. Según señala Gerda Lerner, la imposición del monoteísmo involucra la conversión de las mujeres y de la sexualidad femenina en símbolo de la debilidad humana y origen del mal (1986: 294). A pesar de ello, la trama general sigue siendo pertinente y la reflexión de Rozitchner perdura como lectura instructiva en la recomposición del lazo, ahora devenido triádico, entre psicoanálisis, marxismo y feminismo.

La distinción entre el capitalismo/patriarcado/cristianismo y aquello que es reprimido para su reproducción, refracta como oposición y problema. La división entre lo imaginario y lo real instituida en el sujeto debido a la amenaza castratoria y al enfrentamiento mortal con el padre, fundadora del mundo de fantasías en que se debate el sujeto dominado, se replica en la sociedad burguesa bajo la forma autonomizada del fetichismo. Este proviene de la propiedad privada de los medios de producción, la producción generalizada de mercancías y la siempre renovada desposesión "originaria" que Rosa Luxemburg, David Harvey y Silvia Federici nos han ayudado a pensar como más que un momento históricamente específico del desarrollo capitalista. En ambos casos, se opera un empobrecimiento del sujeto al constituirlo en individuo sometido a la valorización, la que sin embargo habilita posibilidades liberadoras hasta cierto punto inaceptables para las relaciones sociales de producción. En una duración más extensa, se avizora la prolongada historia de la metafísica religiosa que creo conveniente vincular al monoteísmo, y no solo a su variante cristiano-católica.

De tal manera, Rozitchner elabora una articulación interna en las críticas freudiana y marxiana a la dominación objetiva, abstracta, estableciendo un puente entre el sometimiento individual al "aparato psíquico" surgido de la opresión del "cuerpo común con los demás" (1982: 60) y las exigencias del trabajo asalariado. Como he dicho, el modo peculiar de pensarlo en Rozitchner, deudor de antiguas adhesiones fenomenológicas, no responde del todo bien a la objeción historicista de Foucault respecto de la coexistencia de lo represivo y lo productivo en las dinámicas plurales del poder. De todas maneras, incluso más allá de los límites de autores internacionalmente más célebres debido a sus implantaciones en las geopolíticas del saber, la obra freudomarxista de León Rozitchner constituye una cantera valiosa de reflexiones para la reconstitución, en nuevos marcos, del solo en apariencia caduco proyecto de intersectar en un mismo planteo el marxismo y el psicoanálisis teórico. En tal sentido, Emiliano Exposto y Gabriel Rodríguez Varela (manuscrito, 2018) están desarrollando una reinterpretación de Rozitchner a propósito de las nociones de objeto, forma y abstracción.

Hay mucho que desbrozar en una textualidad rozitchneriana plena de conjeturas y líneas de trabajo. Por el alcance de su proyecto filosófico, la obra estaba destinada a permanecer inconclusa, o pendiente de usos y relecturas. Su rasgo más fértil es la capacidad de pensar en diversos registros y a la vez incorporar las múltiples temporalidades en las lógicas de dominación. La intuición cardinal se ordena alrededor del rechazo del estructuralismo. No quiero multiplicar hipótesis, pues ya he avanzado varias y mi razonamiento amenaza con hipertrofiarse en sus propias ambiciones. Pero en el fondo, los entre-tiempos del pensamiento de Rozitchner parecen resistir a la presunta refutación de Sartre por Lévi-Strauss en *El pensamiento salvaje*. Es decir, a la convicción de que la historia es un esencialmente mito, un resultado narrativo generado en las combinatorias de un código. La oposición a Lacan posee el mismo soporte teórico. La recomposición de las numerosas temporalidades yacentes en complicados anudamientos enrarece la teoría del sujeto y las capacidades orientadoras de la teoría crítica. ¿Para qué hacer simple lo que es más bien complicado?

Es, por eso mismo, un contrapunto con dos orientaciones principales en el pensamiento social actual. La primera es la estrategia formalista conceptualizante de la experiencia como un entramado superficial de prácticas discursivas donde el tiempo histórico se comprime en la retrospección narrativa. La segunda estrategia procede del cuestionamiento del formalismo, y se vincula con el postestructuralismo, a saber, la ontología que predica la radical heterogeneidad de las cosas, renunciando entonces a la crítica de la sociedad (un designio considerado impropio por el sustancialismo que le sería inherente, pues supone un sistema como trasfondo de sus fenómenos) y a su transformación por un orden diferente (otra desmesura equiparada al totalitarismo). Esos rasgos de la reflexión crítica en Rozitchner lo tornan ajeno a las modas intelectuales del último cuarto de siglo y lo hacen hoy un autor más actual que nunca.

Sin embargo, los escritos clásicos sobre Freud no representan la última palabra de Rozitchner a propósito del psicoanálisis. Se la encuentra en un ensayo breve y extraordinario, Materialismo ensoñado, publicado en 2011. Si es su última palabra —sus resortes conceptuales dialogan con un conjunto de escritos antilacanianos reunidos póstumamente en sus *Escritos psicoanalíticos* (Rozitchner, 2015)—, no es por ello necesariamente la más persuasiva. Es que el materialismo del ensueño en que recupera toda su vigencia la antropología filosófica rozitchneriana constituye, en mi análisis, un retroceso hacia un más acá del psicoanálisis, el recurso a la experiencia de una lengua otra que la del Padre. El error del estructuralismo consistiría en universalizar el lenguaje según los moldes patriarcales sostenidos después de la inscripción "simbólica" concomitante a la prohibición del amor entre el niño y la madre. La "experiencia arcaica", plena, partícipe de una lengua materna donde prima el afecto, es tronchada por la palabra paterna. Repleta de espectros, la palabra patriarcal representa un "mundo exterior" que empero es incapaz de acallar del todo la memoria del lazo vivenciado con la *mater*. Esa resonancia persistente en la vida de vigilia funda un *mater*-ialismo histórico de nuevo cuño. Rozitchner piensa en sistemas de pares. Por ejemplo, madre y padre, cuerpo y Espíritu, ensoñación y espectralidad, lengua y palabra, amor y terror, es decir, dualismos entre los que sostiene la oposición a la serie de objetos de su análisis crítico durante décadas: el idealismo filosófico que desdeña el cuerpo, el psicoanálisis estructural que disuelve en "lo simbólico" la experiencia arcaica, el cristianismo (religión del padre) que divide al barro corporal de la elevación "espiritual", la lingüística saussuriana cuya premisa es la "arbitrariedad" de la fractura entre significado y significante. Entre los términos de la dicotomía, el origen maternal y la espiritualización paterna, no hay nada, o más bien acecha el Terror.

No es difícil observar en esos pares las antiguas porfías de diversas metafísicas, sean filosóficas o religiosas. Y si hay en la vindicación de la corporalidad, la *mater*-ialidad y el afecto ab-*origen*, un razonable antagonismo con las lecturas estructuralistas del psicoanálisis, se despliega en ese temperamento teórico una renuncia al nudo de cuerpo y lenguaje en que prospera la invención conceptual de Freud.

Por eso, estimo que Rozitchner produce un abandono del horizonte conceptual del psicoanálisis para recostarse sobre una antropología filosófica legible en pasajes de sus textos anteriores, pero disciplinados con el antifundacionalismo de lo inconsciente y del fetichismo. Es, pues, el más acá de un psicoanálisis que el filósofo argentino encuentra capturado por el lacanismo. Se ve conducido a una relación de inversión especular con las lecturas sociologizantes del lenguaje y del deseo. El desenlace consiste en el descubrimiento de un origen incontaminado del sentido sin palabras, por lo tanto sin lo inconsciente. El espacio del psicoanálisis en la teoría crítica se encuentra entonces cancelado.

Puede decirse, con todo, algo más. El último Rozitchner dice en lo que dice algo que no dice: las dificultades constitutivas del psicoanálisis para poner en radical entredicho sus deudas con el patriarcado y el androcentrismo. ¿Por qué no pensar que el suspiro final del psicoanálisis como crítica de las figuras de la dominación, sin cuya vigencia sería incomprensible, es la implosión como teoría del matriarcado y la feminidad? Seguramente lo sería del psicoanálisis lacaniano tal como es leído por Rozitchner.

Observaciones finales

El recorrido del ensayo que aquí finaliza posee dos partes. En la primera, define los términos centrales del saldo de un fracaso, el del marxismo freudiano. Establece entonces que ese fracaso es irreductible a una explicación externa que dé cuenta de él por la derrota política de las izquierdas durante el siglo XX. Hay en la interpretación de Freud por el freudomarxismo un error compartido, señalado por Dahmer en el freudismo como contención de sus dimensiones crítico-radicales: su naturalización y la consiguiente oclusión de la vertiente social en lo inconsciente. Sin embargo, en contraste con las concepciones postmodernistas, considero que el marxismo freudiano constituye una biblioteca cuya lectura es productiva. Hay más en las presuntas defunciones del marxismo y del psicoanálisis que lo perceptible por los triunfalismos, los reformismos o las melancolías de la postmodernidad capitalista.

Me interesa recuperar en ese orden de razones el pensamiento crítico de León Rozitchner. Antes de hacerlo, establecí una grilla interpretativa de sus escritos. Mostré por qué no toda interpretación del marxismo y del psicoanálisis teórico es accesible a una reconfiguración actual. Entiendo que el marxismo de la lógica contradictoria del capital, como dialéctica objetivo-subjetiva habitada por la crisis del valor-que-se-valoriza, constituye una vía de ingreso a una interconexión conceptual con la lógica de lo inconsciente. El elemento común es la remisión a dinámicas de abstracción, con sus ambivalencias de universalismos de la dominación y universalismos de la emancipación.

También la hermenéutica del psicoanálisis debe ser sesgada, atenida a un proyecto crítico inviable si es mera continuación de los enfoques que —de Reich a Marcuse y Guattari— concibieron a la represión como noción clave, pues esa opción las debilita, con razón, ante la hipótesis productiva del poder en Foucault. Dos temas son entonces subrayados. El primer tema recupera la olvidada *Nachträglichkeit*: la multiplicidad temporal de la posterioridad freudiana, de su sensibilidad para captar los nudos de temporalidades en conflictos y dramas de la subjetividad en crisis, que es por definición la moderna; por lo demás la única "subjetividad" individualista históricamente verificable. Pero esa *Nachträglichkeit*, contra lo que epistémicamente supone Freud, admite duraciones irreductibles a la problemática psicoanalítica. Por ejemplo, la del fetichismo capitalista (y viceversa, pues las fantasías cotidianas de la sociedad burguesa son irrepresentables sin las historias del dinero, del monoteísmo y del patriarcado presupuestas en la mejor literatura psicoanalítica).

El segundo tema concierne a las historias del lenguaje, no solo respecto a las secuelas de la eficacia simbólica sino también, y sobre todo, del proceso de abstracción involucrado. Más que como una pérdida, allí debe calibrarse también su fuerza creativa, instituyente de la representación y la generalización de los nombres. Eso no debe ser visto siempre como caída, según lo atisba Walter Benjamin (1916), para la experiencia extraviada e incomunicable de una modernidad traumática. Constituye más bien un andarivel para la investigación del surgimiento de lo inconsciente, que conviene no confundir con lo inconsciente freudiano. Este proviene de una formación históricamente precisa, aunque posea también antecedentes que la investigación necesita conocer. En todo caso —y eso no puede ser desplegado aquí—, la abstracción simbólica del lenguaje y su asincronía con la abstracción social abre el campo de la política. El desarrollo de la oración que viene de ser enunciada demanda un libro independiente.

Propuse que, en el proyecto de regresar de otra manera a la problemática psicoanalítica, cabe la posibilidad de que marxismo y psicoanálisis se reconstituyan como teorías crítico-radicales. No en términos de paralelismo o contigüidad, como sucede y es su límite, en las más recientes recomposiciones lacanianas de la cuestión, sino como conexión internamente razonada de la dominación por abstracción en el mundo moderno. Antes de concluir, quiero destacar que eso no entraña desechar *in statu nascendi* los aportes de la lectura lacaniana de Freud para el referido proyecto.

Pues bien, ¿qué enseña la obra de Rozitchner sobre el psicoanálisis y el marxismo? En primer término, aporta una teoría coherente de la co-constitución del sujeto del psicoanálisis (el individuo burgués) y el sujeto del capital, sin por eso reducirlos a productos de una misma maquinaria infalible. La convergencia de la distancia interior que configura al aparato psíquico y la distancia exterior del trabajo asalariado funda dos alienaciones interconectadas, del cuerpo materno y del reconocimiento de la colectividad. En segundo término, elabora una teoría del contrapoder que permite advertir en el estructuralismo los límites de la identificación retroactiva de lo simbólico. Su fundamento reside en una concepción spinoziana del cuerpo comunicable con el planteo freudiano, agrego ahora, a través de la noción de libido.

Finalmente, destaqué las extraordinarias implicancias que posee una cuestión apenas tratada en este texto: el vínculo entre psicoanálisis y religión, más precisamente entre el destino del psicoanálisis y la relación con los monoteísmos. En esa intuición de Rozitchner, se descubre una nueva cantera para elaboraciones teóricas de gran calado, pues la dinámica identificatoria es impensable sin el monoteísmo y su fondo patriarcal, constituyente de un puntal central en los mecanismos de dominación en la larga duración. Que Rozitchner permaneciera indiferente a las aperturas emancipatorias posibilitadas por el universalismo de los monoteísmos revela el perjuicio infligido por la expuesta antropología filosófica activa en su propio pensamiento.

He indicado en ese sentido algunos déficit, siempre a la luz de mi evaluación del lazo histórico-filosófico entre psicoanálisis y marxismo, del enfoque de Rozitchner. Los mismos remiten a sus convencimientos antropológicos, concentrados en torno a las nociones de cuerpo y potencia de proveniencia spinoziana, donde no encuentra un lugar apropiado el descubrimiento de Freud a propósito de la histeria, esto es, de cuánto le debe el cuerpo a la palabra. Por eso mismo, evalué insuficiente la respuesta rozitchneriana a la crítica de Foucault al freudomarxismo.

De todas maneras, el interés de la obra de León Rozitchner perdura y provee temas que merecen ulteriores reflexiones. Las vetas conceptuales desarrolladas conviven con conjeturas apenas esbozadas, con hipótesis *in fieri*, reveladoras de la lozanía de una tarea interminable como suelen serlo las apuestas más valiosas de un espíritu libre en el combate con sus fantasmas.

Desenlace

La tesis básica que he desarrollado sostiene que el concepto de abstracción social provee un nuevo horizonte para retornar a la reflexión sobre los vínculos entre marxismo y psicoanálisis. *Esa* abstracción posee un alcance históricamente delimitado por el despliegue de la lógica capitalista de mediación generalizada constituyente del "mundo" como mercado mundial. La lógica globalizante convive con diversas temporalidades, irreductibles al tiempo del valor-que-se-valoriza en huida desesperada de su desvalorización. La negatividad es inherente a la dialéctica del capital, es decir, a su huida de la nada que lo acosa. Tal lógica habilita desplazamientos, como los analizados por Freud en su artículo de 1917 sobre las transposiciones pulsionales (*Triebumsetzungen*) en el erotismo anal, hacia ámbitos ajenos a la problemática psicoanalítica. La temporalidad capitalista —ella misma parasitada por secuencias complejas perceptibles en tiempos de crisis— pugna en *transposiciones* con otras temporalidades de diversa duración. Tales *Umsetzungen* deben ser objeto de estudios futuros.

Las temporalidades que me ha interesado destacar son las del patriarcado, de la dominación masculina y del monoteísmo. En el límite de lo pensable, pues esto requiere ser formulado como reflexión radical sobre el lenguaje, sobre la gramática que es la precondición de una historicidad a menudo consagrada como estructura lingüística. No hay mero paralelismo u homología entre esas temporalidades, según las alternativas que juzgaron adecuadas Althusser, el primer Goux, Jameson y Žižek. El tiempo del capital no es uno solo, pero mediatiza sin subsumirlas absolutamente y pone a producir las otras temporalidades de larga duración. La matriz social de lo inconsciente descansa en la

imposibilidad de suspender las asincronías de las dominaciones en beneficio de un tiempo único perseguido por la
producción capitalista.

En ese marco general, la adecuada investigación del
nexo entre psicoanálisis y marxismo requiere una teoría de
la historia advertida de la tentación de devenir en filosofía
de la historia universal. El marxismo es decisivo en semejante investigación pues provee la noción crucial de abstracción social. Justamente por eso, es insuficiente para incorporar sin rebordes ni resistencias las inercias de temporalidades de larga duración. El psicoanálisis teórico introduce,
gracias a la noción de *posterioridad*, una concepción plural
y conflictiva del tiempo compatible con la dialéctica de la
dominación característica del capital y con secuencias milenarias que obviamente exceden a la modernidad.

El entrelazamiento de temporalidades y lógicas de
dominación, representable gracias a la proliferación global
de la abstracción social, supone desafíos políticos para las
izquierdas y la teoría crítica. A la consecuencia revolucionaria que se sigue de la detección de una lógica dialéctica capitalista se añaden otras demasías radicales ligadas a
la destrucción de las dominaciones de larga duración del
patriarcado, de la dominación masculina y del monoteísmo. La interconexión entre esos órdenes heterogéneos de
dominación involucra aspectos transhistóricos como el lenguaje, pues el privilegio de la dimensión logocéntrica en
detrimento de una diversidad de prácticas alternativas está
vigorosamente conectado con el monoteísmo y la universalidad de dominación.

La actitud extrema de revoluciones permanentes emerge como un destino. A pesar de los reparos de la versión
reformista y democrático-radical de la izquierda lacaniana,
solo una aproximación revolucionaria —comunicable con
el programa gramsciano de una transformación de largo
plazo vinculada con una pragmática "guerra de posiciones"— es conteste con una renovada interlocución entre
marxismo y psicoanálisis no patriarcal. Es previsible que en

un contexto postcapitalista el marxismo pierda relevancia. No estoy seguro de que suceda lo mismo con las dominaciones que el psicoanálisis, el feminismo y el antiracismo ponen en la palestra.

El ensayo sobre León Rozitchner tornó evidente por qué la crítica de la abstracción social y de la universalidad se hace vulnerable si descansa en una verdad reprimida, en una esencia prediscursiva o presocial sin lenguaje. Del mismo modo que el lenguaje logocéntrico supone una primacía de lo aparentemente racional y universal sobre sus exclusiones, una vez desmontados sus rasgos de dominio prescindibles, habilita la emergencia de la crítica, la publicidad y la acción emancipatoria. El monoteísmo involucra la supresión de creencias paganas o heréticas, pero es condición de posibilidad de un igualitarismo que socava el universalismo opresivo. Solo una crítica dialéctica de la abstracción —y no su mero rechazo— es diestra para extraer de ella las potencias emancipatorias inherentes a su destitución.

Los marcos de referencias descriptos en el sendero de estudios del presente libro deberían dialogar con una enorme masa de estudios previos reinterpretables bajo la nueva problemática. Menciono, entre muchos otros, el clásico trabajo de Michael Taussig (1980) sobre el fetichismo de la mercancía y el pacto con el diablo entre trabajadores del azúcar y la minería en Colombia y Bolivia. Con modestia, esos marcos convergieron en el enfoque que he intentado desarrollar a propósito del primer peronismo (1945-1955) en el libro *Crónica sentimental de la Argentina peronista. Sexo, inconsciente e ideología* (2014). Mi investigación descubre otra cosa que los pliegues de una identidad, de una subjetividad, de un sí mismo peronista. Por el contrario, recorre los andariveles por los cuales la fractalidad del peronismo —una identificación con el "doble cuerpo de Perón" cohabitante del líder singular y su posición estatal— se instituyó inconscientemente en actores, sobre todo populares, que por eso no dejaron de ser agentes de una experiencia objetiva.

Requerimos numerosas otras investigaciones, situadas en múltiples espacios y temporalidades, tradiciones e historias, relaciones sociales de producción y clasificaciones raciales, sexuales y deseantes, para comenzar a captar las dialécticas y mecánicas de la dominación, sus complejidades y las posibilidades de una adecuada comprensión histórica. Los límites de la investigación son definidos por el desarrollo morfológico de la propia teoría social. Por ejemplo, una elucidación de la obra artística de Mark Bradford (y por cierto, no es la única) aportaría *insights* para repensar el warburguiano *Nachleben der Antike* en la pintura renacentista y la relación entre forma y abstracción.

La investigación sobre marxismo y psicoanálisis no es una faena exclusiva de la teoría. Tampoco solo de la filosofía, la historiografía, la sociología o la antropología. Es un enigma de la política emancipatoria, o más exactamente postemancipatoria, pues no hay origen al que regresar. La necesidad de crearse hace a lo revolucionario más radical que lo supuesto por el humanismo de la modernidad. Los caminos del bosque no son exclusivos del pensamiento. Una humanidad "liberada" estará condenada al inacabamiento de una existencia finita y peligrosa.

Bibliografía

Acha, Omar (2007). *Freud y el problema de la historia*. Buenos Aires: Prometeo Libros.

Acha, Omar (2010). "No es toda la historia. Lacan y los entretiempos freudianos", en O. Acha y Mauro Vallejo (eds.), *Inconsciente e historia después de Freud. Cruces entre psicoanálisis, historia y filosofía*. Buenos Aires: Prometeo Libros.

Acha, Omar (2012). "León Rozitchner: una antropología filosófica entre la sangre y el tiempo", en *El Río sin Orillas. Revista de Filosofía, Cultura y Política*, n° 6.

Acha, Omar (2015). "León Rozitchner en debate con el psicoanálisis: de la historicidad del sujeto y el origen", en AA.VV., *León Rozitchner: contra la servidumbre voluntaria*. Buenos Aires: Biblioteca Nacional.

Adamson, Göran (2005). "Was National Socialism Anti-Sex? On Left-Wing Fantasies and Sex as the Dark Matter of Politics", en *Society*, vol. 54, n° 1.

Althusser, Louis (1996). *Escritos sobre psicoanálisis. Freud y Lacan*. México: Siglo XXI.

Arrivé, Michel (2001). *Lingüística y psicoanálisis. Freud, Saussure, Hjelmslev, Lacan y los otros*. México: Siglo XXI.

Benjamin, Walter (1916). "Sobre el lenguaje en general y sobre el lenguaje de los humanos", en *Para una crítica de la violencia y otros ensayos. Iluminaciones IV*. Madrid: Taurus, 1988.

Braidotti, Rosi (2015). *Lo posthumano*. Barcelona: Gedisa.

Brennan, Theresa (1993). *History after Lacan*. Londres: Routledge.

Butler, Judith (2000). *Antigona's Claim. Kinship between Life and Death*. Nueva York: Columbia University Press [trad. cast.: *El grito de Antígona*. Barcelona: El Roure, 2001].

Butler, Judith, Ernesto Laclau y Slavoj Žižek (2000). *Contingency, Hegemony and Universality. Contemporary Dialogues on the Left*. Nueva York y Londres: Verso [trad. cast.: *Contingencia, hegemonía y universalidad*. Buenos Aires: Fondo de Cultura Económica, 2002].

Campos, Mariano N. (2016). "Contribución a la crítica del fetichismo", en *Herramienta. Revista de Teoría y Crítica Marxista*, Buenos Aires, n° 57.

Dahmer, Helmut (1973). *Libido y sociedad: Estudios sobre Freud y la izquierda freudiana*. México: Siglo XXI, 1983.

Danelinck, Daniela (2015). "El inconsciente es la política o ¿por qué vale la pena luchar por Lacan?", en *Avatares Filosóficos*, Buenos Aires, n° 2.

Deleuze, Gilles y Félix Guattari (1972). *El Antiedipo. Capitalismo y esquizofrenia*. Madrid: Paidós.

Dodds, E. R. (1950). *Los griegos y lo irracional*. Madrid: Alianza, 1980.

Exposto, Emiliano y Gabriel Rodríguez Varela (2018). "Psicoanálisis y marxismo: objeto, forma y abstracción en León Rozitchner", Buenos Aires, manuscrito.

Federici, Silvia (2015). *Calibán y la bruja. Mujeres, cuerpo y acumulación primitiva*. Buenos Aires: Tinta Limón.

Finelli, Roberto (1987). *Astrazione e dialettica dal romanticismo al capitalismo. Saggio su Marx*. Roma: Bulzone.

Foucault, Michel (1976). *Historia de la sexualidad, I. La voluntad de saber*. México: Siglo XXI, 1989.

Foucault, Michel (1995). *Tecnologías del yo y otros textos afines*. Barcelona: Paidós-ICE.

Freud, Sigmund (1908). "La moral sexual 'cultural' y la nerviosidad moderna", en *Obras completas*. Buenos Aires: Amorrortu, t. IX.

Freud, Sigmund (1910). "Sobre el sentido antitético de las palabras primitivas", en *Obras completas*, t. XI.

Freud, Sigmund (1914). "Contribución a la historia del movimiento psicoanalítico", en *Obras completas*, t. XIV.

Freud, Sigmund (1915). "Lo inconsciente", en *Obras completas*, t. XIV.

Freud, Sigmund (1920). *Más allá del principio de placer*, en *Obras completas*, t. XVIII.

Freud, Sigmund (1921). *Psicología de las masas y análisis del Yo*, en *Obras completas*, t. XVIII.

Freud, Sigmund (1930). *El malestar en la cultura*, en *Obras completas*, t. XX.

Freud, Sigmund (1937). "Construcciones en el análisis", en *Obras completas*, t. XXIII.

Fromm, Erich (1942). *El miedo a la libertad*. Buenos Aires: Paidós, 1957.

Goux, Jean-Joseph (1973). *Ensayo sobre los equivalentes en el marxismo y en el psicoanálisis*. Buenos Aires: Caldén.

Graeber, David (2001). *Toward an Anthropological Theory of Value. The False Coin of Our Own Dreams*. Nueva York: Palgrave.

Habermas, Jürgen (1968). *Conocimiento e interés*. Madrid: Taurus, 1981.

Habermas, Jürgen (1976). *La reconstrucción del materialismo histórico*. Madrid: Taurus, 1980.

Habermas, Jürgen (1981). *Teoría de la acción comunicativa*. Madrid: Taurus, 1987.

Haraway, Donna J. (1995). *Ciencia, cyborgs y mujeres. La reinvención de la naturaleza*. Madrid: Cátedra.

Hegel, G. W. F. (1812/1816). *Ciencia de la lógica*. Madrid: Abada, 2011.

Jameson, Fredric (1977). "Imaginary and Symbolic in Lacan: Marxism, Psychoanalytic Criticism, and the Problem of the Subject", en *Yale French Studies*, nº 55/56 [trad. cast.: *Imaginario y simbólico en Lacan*. Buenos Aires: El cielo por asalto, 1992].

Jameson, Fredric (1961). *Sartre. The Origins of a Style*. Cambridge: Cambridge University Press.

Jameson, Fredric (1981). *El inconsciente político*. Madrid: Visor, 1992.

Jameson, Fredric (2006). "Lacan and the Dialectic: a Fragment", en Slavoj Žižek (ed.), *Lacan. The Silent Partners*. Londres: Verso [trad. cast.: "Lacan y la dialéctica: un fragmento", en S. Žižek (ed.), *Lacan. Los interlocutores mudos*. Madrid: Akal, 2010].

Jappe, Anselm (2013). "Sohn-Rethel and the Origin of 'Real Abstraction': A Critique of Production or a Critique of Circulation?", en *Historical Materialism*, vol. 21, n° 1.

Koselleck, Reinhart (1979). *Futuro pasado. Para una semántica de los tiempos históricos*. Barcelona: Paidós, 1993.

Lacan, Jacques (1945). "Le temps logique et l'assertion de certitude anticipée. Un nouveau sophisme", en Lacan (1966).

Lacan, Jacques (1957). "Subversion du sujet et dialectique du désir dans l'inconscient freudien", en Lacan (1966).

Lacan, Jacques (1965). "La science et la vérité", en Lacan (1966).

Lacan, Jacques (1965-1966). *Le Séminaire, Livre XVI. L'Acte psychanalytique*, inédito.

Lacan, Jacques (1966). *Écrits*. París: Seuil.

Lacan, Jacques (1968-1969). *El seminario, Libro 16. De un Otro al otro*. Buenos Aires: Paidós, 2008.

Laclau, Ernesto (1987). "Psychoanalysis and Marxism", en *Critical Inquiry*, vol. 13, n° 2.

Laclau, Ernesto (2005). *La razón populista*. Buenos Aires: Fondo de Cultura Económica.

Laclau, Ernesto y Chantal Mouffe (1985). *Hegemonía y estrategia socialista*, Buenos Aires: Fondo de Cultura Económica, 2004.

Lefort, Claude (1981). *La invención democrática*. Buenos Aires: Nueva Visión, 1988.

Lerner, Gerda (1986). *La creación del patriarcado*, Barcelona: Crítica, 1990.

Marcuse, Herbert (1953). *Eros y civilización*. Madrid: Sarpe, 1985.

Marcuse, Herbert (1964). *El hombre unidimensional*. México: Planeta, 1985.

Martín, Facundo N. (2014). *Marx de vuelta. Hacia una teoría crítica de la modernidad*. Buenos Aires: El Colectivo.

Martín, Facundo N. (2018). *Pesimismo emancipatorio. Marxismo y psicoanálisis en el pensamiento de T. W. Adorno*. Buenos Aires: Marat.

Marx, Karl (1973). *Elementos fundamentales para la crítica de la economía política (borrador) 1857-1858*. México: Siglo XXI.

Marx, Karl (1867). *El capital. Crítica de la economía política*. Vol. I. México: Siglo XXI, 2009.

Mbembe, Achille (2016). *Crítica de la razón negra. Ensayo sobre el racismo contemporáneo*. Barcelona: Futuro Anterior.

Miller, Jacques-Alain (1988). "Michel Foucault et la psychanalyse", en AA. VV., *Michel Foucault philosophe*. París: Seuil.

Milner, Jean-Claude (1995). *La obra clara. Lacan, la ciencia, la filosofía*. Buenos Aires: Nueva Visión.

Ortiguès, Marie-Cécile y Edmond Ortiguès (1965). *Edipo africano*. Buenos Aires: Noé, 1974.

Pateman, Carole (1995). *El contrato sexual*. Barcelona: Anthropos.

Postone, Moishe (1993). *Tiempo, trabajo y dominación social. Una reinterpretación de la teoría crítica de Marx*. Madrid: Marcial Pons, 2006.

Reich, Wilhelm (1933). *Psicología de masas del fascismo*. Barcelona: Bruguera, 1980.

Reich, Wilhelm (1934). *Materialismo dialéctico y psicoanálisis*. México: Siglo XXI, 1970.

Rozitchner, León (1966). "La izquierda sin sujeto", en *La Rosa Blindada*, Buenos Aires, año 2, n° 9.

Rozitchner, León (1972). *Freud y los límites del individualismo burgués*. Buenos Aires: Siglo XXI.

Rozitchner, León (1982). *Freud y el problema del poder*. México: Plaza y Valdés/Folios.

Rozitchner, León (1997). *La Cosa y la Cruz: cristianismo y capitalismo (En torno a las Confesiones de San Agustín)*. Buenos Aires: Losada.

Rozitchner, León (2011). *Materialismo ensoñado*. Buenos Aires: Tinta Limón.

Rozitchner, León (2015). *Escritos psicoanalíticos*. Buenos Aires: Biblioteca Nacional.

Rubin, Gayle (1975). "El tráfico de mujeres: notas sobre la 'economía política' del sexo", en *Nueva Antropología*, n° 30, México, 1986.

Scholz, Roswitha (2009). "Patriarchy and Commodity Society: Gender without the Body", en *Marxism and the Critique of Value*. Chicago: M-C-M'.

Sohn-Rethel, Alfred (1989). *Geistige und körperliche Arbeit. Zur Epistemologie der abendländischen Geschichte*. Weinheim: VCH.

Stavrakakis, Yanis (1999). *Lacan and the Political*. Londres: Routledge [trad. cast.: *Lacan y lo político*. Buenos Aires: Prometeo Libros, 2001].

Stavrakakis, Yannis (2007). *The Lacanian Left. Psychoanalysis, Theory, Politics*. Edimburgo: Edinburgh University Press [trad. cast.: *La izquierda lacaniana*. Buenos Aires: Fondo de Cultura Económica, 2009].

Taussig, Michael (1980). *The Devil and Commodity Fetishism in South America*. Chapel Hill: University of North Carolina Press.

Thompson, Edward P. (1979). "Tiempo, disciplina de trabajo y capitalismo industrial", en *Tradición, revuelta y consciencia de clase*. Barcelona: Crítica.

Tomba, Massimiliano (2013). *Marx's Temporalities*. Leiden: Brill.

Tomšič, Samo (2015). *The Capitalist Unconscious*. Londres: Verso.

Toscano, Alberto (2010). *Fanaticism. The Uses of an Idea*. Nueva York/Londres: Verso.

Vainer, Alejandro (ed.) (2009). *A la izquierda de Freud*. Buenos Aires: Topía.

Voloshinov, Valentin N. (1927). *Freudianism. A Marxist Critique*. Nueva York: Academic Press.

Zafiropoulos, Markos (2002). *Lacan y las ciencias sociales. La declinación del padre (1938-1953)*. Buenos Aires: Nueva Visión.

Žižek, Slavoj (1989). *El sublime objeto de la ideología*. México: Siglo XXI, 1992.

Žižek, Slavoj (1991). *Porque no saben lo que hacen. El goce como factor político*. Buenos Aires: Paidós, 1994.

Žižek, Slavoj (2006). *The Parallax View*. Massachusetts: MIT Press [trad. cast.: *Visión de paralaje*. México: Fondo de Cultura Económica, 2006].

Žižek, Slavoj (2012). *Less than Nothing. Hegel and the Shadow of Dialectical Materialism*. Londres: Verso [trad. cast.: *Menos que nada*. Madrid: Akal, 2015].

Žižek, Slavoj (2014). *Contragolpe absoluto. Para una refundación del materialismo dialéctico*. Madrid: Akal.

Este libro se terminó de imprimir en agosto de 2018 en Imprenta Dorrego (Dorrego 1102, CABA).

www.ingramcontent.com/pod-product-compliance
Lightning Source LLC
Chambersburg PA
CBHW020355270326
41926CB00007B/438